JN021666

デジタル時代に求められる実践的知識

DX

IGITAL TRANSFORMATION

の 教養

志度昌宏 [DIGITAL X編集長]

三菱ケミカルホールディングス
先端技術・事業開発室 DXグループ

インプレス

はじめに

　「デジタルトランスフォーメーション」や「デジタル変革」、あるいは「DX」というキーワードを目に耳にする機会が増えています。特に、新型コロナウイルス感染症（COVID-19）が世界規模で拡大して以後は、日本政府による「デジタル庁」新設の動きをはじめ、「製造DX」「流通DX」「人事DX」など、さまざまな言葉に「DX」が付されるようにもなりました。

　こうした動きに対し、「なぜ急にデジタルなのか？」「デジタルってアナログ／デジタルのあれ？」「DXとは何を指しているのか？」「DXはデラックスのこと？」といった疑問や感想を持たれた方も少なくないのではないでしょうか。

　「DX（Digital Transformation：デジタルトランスフォーメーション）」がこれほどまでに注目を集めるようになった大きな契機は、2020年4月の緊急事態宣言に伴う在宅勤務、テレワーク／リモートワークの本格展開にあります。それ以前から「働き方改革」が叫ばれ、テレワークなども実行可能でしたが、緊急事態宣言がなければ、これほどまでに大規模に、かつ短期間に在宅勤務は広がらなかったでしょう。

　さらに、同宣言に伴う特別定額給付金の受付手続きで混乱が発生したことや、印鑑を押すためだけに出社するといったことが、各種事務手続きのプロセスの見直しやオンライン化の必要性を浮き彫りにしたこともDX／デジタル化への関心を高めました。デジタル庁の設置が一気に決定したのも、この文脈からです。もちろん、テレワークやオンライン化がDXの本質ではないのですが、広く一般に対し、デジタル技術を活用した変革であるDXを身近なものにしたのです。

　一方で産業界においては、2010年を迎える前からDXに取り組むことの重要性・必要性は指摘されていました。そして、さまざまなコンセプトや国・業界によるイニシアティブ、DXに取り組むための方法論が提唱され、企業各社もそれぞれの強み・弱みを重点領域にした取り組みを進めています。

　例えば、日本を代表する業界の1つである自動車業界は、「100年に1度の大変革期」にあるとされ、種々の取り組みを加速しています。自動運転やEV（電気

自動車）の開発は、その一環です。さらにトヨタ自動車は 2021 年、静岡県裾野市にある自社工場跡地において「Woven City（ウーブン・シティ）」と名付けたスマートシティの開発に乗り出しました。自動車メーカーが都市開発に乗り出すことも、DX 同様に不思議な動きに映るかもしれません。

　DX についてはさまざまな定義や解釈が存在しますが、端的に言えば「デジタル技術を使って会社や業界、あるいは社会などに変革をもたらすこと」です。そして、ここでのデジタル技術とは、コンピューター関連技術全体を指しています。なかでも、AI（Artificial Intelligence：人工知能）や IoT（Internet of Things: モノのインターネット）、クラウドなど近年、発展が著しい領域の技術を活用することが念頭に置かれています。

　スマートフォンに代表されるように現在のコンピューター技術は、個人 1 人ひとりが利用でき、メッセージや写真、動画のやり取りや、ネットショッピング、動画や音楽の試聴など、生活に密着し社会を支えるインフラの 1 つになりました。限られた用途・限られた人しか使えなかった初期の「コンピューター」や、企業における業務処理の合理化に多用された「IT（情報技術）／ICT（情報通信技術）」とは異なる機能や用途を提供しています。そのことを示すために選ばれた言葉が「デジタル技術」です。

　さらにデジタル技術が、従来のコンピューターや IT／ICT の利用と大きく異なるのは、データを最大限に活用することを中核に位置付けていることです。現実世界の動きをデータによって把握し、そのデータを分析することで新たな価値を生み出そうという考え方が重視されています。

　このように説明すると、DX は「AI や IoT といった先端技術を利用すること」と捉えられるかもしれません。しかし、DX が求めるのは、デジタル技術そのものの利用ではありません。デジタル技術をテコに、会社や業界、社会は、どうあるべきかを考え、これからの私たちの働き方や暮らし方を実現していくための取り組みこそが DX です。

　COVID-19 以降、「DX に取り組まなければ企業の未来はない」といった声も強まっています。ですが過去、「IT を活用しなければダメだ」とも言われ続けてき

たものの、「結果的に、そんな経験は一度もないし困ったこともない」という意見の方もおられるでしょう。

しかし現代の日本は、COVID-19を抜きにしても、少子高齢化を背景にした労働人口の不足や、高齢者が増えることに伴う財政問題などが現実問題として重くのしかかっています。従来と同じ方法・同じ考え方では乗り切れなくなっているのが実情です。

これからの企業活動や社会の実現に向けては、既存の仕組みの効率を高めるだけでなく、これまでになかった仕組みを考え実行する必要があります。そのためには、「コンピューターは難しいから詳しい人にお任せ」は通用しません。私たち1人ひとりが、目の前の課題に対峙し、その解決策をデジタル技術の活用方法を含め考えなければならないのです。

こうした時代背景のもと、三菱ケミカルホールディングス（三菱ケミカルHD）グループでは、組織全体としてのDXに取り組んでいます。2017年4月に初代CDO（Chief Digital Officer：最高デジタル責任者）として岩野 和生が着任。2020年4月からは現CDOの浦本 直彦が引き継ぎ、三菱ケミカルHDグループ全体のDXを推進しています。

三菱ケミカルHDグループではDXを「**デジタル技術と知見で変革を実践することで、三菱ケミカルHDグループ全体の成長を最大化し、顧客、パートナー、社会に新しい価値をもたらす**」ことと定め、会社のビジョンとロードマップにおけるデジタル技術の役割を位置付けようとしています。

そこでは、三菱ケミカルHDグループの一員として「私たちは何のために、今ここにいるのか、この場で巡り合えたのか」など、各人の責務やミッションをよく考え、社会の未来のために自ら変わることを求めています。それを支援するためにグループの全員を対象にしたeラーニングのコンテンツを『DIGITAL X』（インプレス刊）編集長の志度 昌宏と共に開発し、受講を開始しました。

本書は、その三菱ケミカルHDグループのeラーニングの内容を基にしています。三菱ケミカルHDグループの枠を超えて、より多くの方々と共に「DXとは何か」「DXによって、どんな企業や社会を目指すのか」を考えていけることを期待し、本書の発行を決めました。

『DXの教養』と題した本書は、DXの定義から、その背景や基本的な考え方、DXに関連する方法論や知識などを幅広くまとめています。デジタル技術の解説はむしろ補完的な位置付けです。

　それをあえて「教養」としたのは、三菱ケミカルHDグループでのeラーニングが全社員を対象にしているように、「コンピューターは分からない」「DXは私には関係がない」と思われている方々にこそ、DXを"自分ゴト"としてとらえていただき、これからの社会を共に考えていきたいからにほかなりません。

　日本経済団体連合会（経団連）は2019年2月に『AI活用戦略〜AI － Readyな社会の実現に向けて』という提言を発表しています。AI技術を活用することで、産業や社会を変革し、競争力を高めようという戦略です。AI技術の活用はDXと読み替えてもよいでしょう。

　同戦略では、経営・マネジメント層、専門家、従業員の別に、それぞれのあるべき姿を示しています。そこでの従業員像は、「全員が数理・AI×データの素養を持ち、社内外の専門家と共同でAI活用に取り組めること」とあり、そんな従業員を育成するために「リベラルアーツ教育をさらに充実する」としています。

　「教養」と訳されることも多いリベラルアーツは、元々はギリシャ・ローマ時代の「自由7科（文法、修辞、弁証、算術、幾何、天文、音楽）」が起源だとされ、その直訳は「人を自由にする学問」です。経団連がリベラルアーツの充実を図るのは"自ら考える力"を養うのが狙いです。

　昨今のDXやデジタル化の議論においては、デジタル技術を導入すること自体が目的になり、それによって、どんな企業や社会を目指すのかが十分に議論されていないのようにも映ります。

　そこでは、「AI」や「DX」という言葉が安易に使われる例も増えています。例えば「AIが処理する」「AIが仕事を奪う」などAIを擬人化し、人間と同じように扱っている表現が少なくありません。これらは正確には「AI技術を用いたソフトウェアやハードウェア」「機械学習や深層学習を用いたシステム」であり、この技術をどう開発し使うかの主体は私たち人間にあります。

　DXについても、「DXを導入する」といった表現が見受けられますが、DXは変革そのもの、あるいは、それに至る道筋であり、ソフトウェアやハードウェア

のように導入してすぐに使えるものではありません。

　こうしたことから本書では、できる限り「AI技術」や「AIシステム」という言葉を使っています。こうした姿勢はAI技術やDXに限らず、基本を理解し、すべてのテクロジーと対峙する際には、とても大切です。

　DXの中核にはデータ活用があります。デジタル技術の進展により、これまでは取得が難しかったデータが、より安価に、より容易に取得できるようになってきています。データが集まれば集まるほど見えてくるのは、現実世界の実態です。DXに取り組むことは、デジタル技術に詳しくなることではなく、リアルな世界への関心がより高まるということであり、そこに強い関心を持つことが新たな価値を生み出すことでしょう。

　科学技術のレベルが高まり、「SDGs（Sustainable Development Goals：持続可能な開発目標）」に象徴される持続性が高い社会を作ろうとする考え方も成熟してきました。

　そしてCOVID-19は、私たちの生活スタイルを大きく変えようとしています。withコロナの時代は、これまでに経験したことがない新しい考え方による会社や社会の仕組みを構築していかなければなりません。それは、誰かが考えてくれることではなく、私たち全員が考えなければならないテーマです。

　本書がきっかけになり、より多くの方々がDXへの関心を高め、日々の暮らし方や働き方へのデジタル技術の活用を共に考えていけることを願って止みません。

目次

Chapter 06 DX に取り組むに当たり 考えておくべき社会との関係性 155

ビジネスとデジタルの化学反応を起こす触媒としての"教養"

三菱ケミカルホールディングス フェロー 岩野 和生 ×
三菱ケミカルホールディングス CDO 浦本 直彦 × DIGITAL X 編集長 志度 昌宏

DX（デジタルトランスフォーメーション）への取り組みは世界中で大きなうねりになっている。そうした中、いち早く DX の推進に乗り出し、活動を拡大しているのが三菱ケミカルホールディングスだ。専門知識・スキルを持つ人材育成に加え、全社員を対象にした e ラーニング『DX の基礎』（本書のベース）にも取り組んでいる。同社は DX をどうとらえ、どのように進めようとしているのか。三菱ケミカルホールディングスで DX を推進する初代 CDO（Chief Digital Officer：最高デジタル責任者）で現フェローの岩野 和生と、現 CDO の浦本 直彦、『DX の基礎』のためのコンテンツを提供した DIGITAL X 編集長の志度 昌宏の 3 人が、それぞれの DX への思いを語り合った。

志度　三菱ケミカルホールホールディングス（以下、三菱ケミカル HD）は早くから DX（デジタルトランスフォーメーション）の価値に気付き、取り組まれてきました。CDO（Chief Digital Officer：最高デジタル責任者）の設置も早かったですね。

　日本企業における CDO の設置は、内部で任命するケース、CIO（Chief Information Officer：最高情報責任者）が兼務するケース、そして外部から招聘するケースの大きく 3 つに分けられます。外部からの招聘は、変革の速度を高めるのが狙いであり、いわば黒船のような"劇薬"しての役割が期待されています。

　岩野さんは、その"劇薬"として DX 推進を牽引されてきました。

◻ DX を"自分ごと"としてとらえる必要がある

岩野　私が三菱ケミカル HD に CDO として招聘されたのは 2017 年のことです。最初に強く感じたのが、「この会社には DX にとって"宝の源泉"となるものが存在する。リアルな現場と、専門家の存在、すでにある豊富なデータ、そして経営者の変革への意志だ」ということです。私の仕事は、これらの源泉を現実の価値

に持っていくことでした。

その点を考慮し、私が一貫して尽力してきたのが、デジタルによる改革意識の組織への定着です。何度も現場を回り、意見を交換しながら、「デジタルプレイブック」といった変革に向けた方法論を提示する ── 。そんな地道な活動です。

その甲斐もあってか、かつてはサイロ化していた業務における改革の必要性を多くの社員に"自分ごと"としてとらえてもらえるまでになりました。ホールディングス傘下の事業会社でのDX推進組織の設置も進んでいます。

浦本 私は2017年6月に三菱ケミカルHDに入社し、2020年4月に岩野からCDOを引き継ぎました。今、取り組んでいるのは、現場主導によるDXの定着とスケールアップ、そして新たな仕掛けです。

岩野 和生
三菱ケミカルホールディングス フェロー

1975年、東京大学理学部数学科卒業、日本アイ・ビー・エム入社、1987年 米国プリンストン大学 Computer Science 学科より Ph. D. 取得。東京基礎研究所所長、米国ワトソン研究所 Autonomic Computing 担当ディレクター、ソフトウェア開発研究所所長、先進事業担当執行役員等を歴任。2012年より三菱商事 デジタル戦略部門顧問、科学技術振興機構 研究開発戦略センター 上席フェロー、東京工業大学客員教授。2017年より三菱ケミカルホールディングス 執行役員、先端技術・事業開発室 Chief Digital Officer、2020年より現職

その柱は、事業会社の各DX推進組織と連携しながら、プロジェクトの成果が現場で日常的に使われるようにしていくことです。現場が想像力を働かせ、不満や新たなアイデアを基に自発的な改革を繰り返すというサイクルの定着に努めています。同時に、経営層と大きな戦略について合意し、その戦略と個々のプロジェクトを関連付けながら、プロジェクトをスケールアップしていこうとしています。

志度 岩野さんはDXが叫ばれる以前からスマートシティなどにも取り組まれ、常々、コンピューターの開発・利用のいずれにおいても思想や文化の重要性を指摘されてきました。CDOとして改革に向けた意識の定着を先行させられた理由も分かるように思います。

浦本 直彦
三菱ケミカルホールディングス CDO

1990年、九州大学総合理工学研究科修了、日本アイ・ビー・エム入社、東京基礎研究所にて、自然言語処理、Web技術、セキュリティ、クラウドなどの研究開発に従事。博士（工学）。2015年、同社ソフトウェア＆システム開発研究所にてクラウド開発担当、「Bluemix Garage Tokyo」のCTO（Chief Technology Officer）を務める。2017年、三菱ケミカルホールディングスに入社、DXの推進を担っている。2020年4月より同社執行役員 Chief Digital Officer。2018年6月〜2020年6月人工知能学会会長。現在は九州大学客員教授を兼務。

その意識改革の下地のうえに今、浦本さんが具体的な施策を現場に定着させようとされているわけですね。

浦本 先ほど岩野を"劇薬"と称されましたが、CDOの役割は、その進展状況に応じて変わり続ける必要があると思います。一橋大学 商学研究科教授の神岡 太郎 氏はCDOの役割として、プログレッシブシンカー、ディスラプター、テクノロジスト、アントレプレナー、アクセラレーター、コーディネーターなど多様な姿を挙げておられます。これらは個々のCDOの分類ではなく、状況に応じて使い分けていくものでもあるでしょう。

私の感覚では、岩野は、ディスラプターやプログレッシブシンカーであり、三菱ケミカルHDにおけるDXの起爆剤として、困難な立ち上げフェーズを牽引してきました。

それにより、新たな文化や組織が形作られており、その後を継いだ私の役割は、アクセラレーターとして変革のスピードを上げていくとともに、コーディネーターとしてグループ全体の成長を最大化することであると思っています。もちろん、時にはディスラプターになる必要もあります。複数の役割を使い分けないといけません。プロジェクトの進捗や組織の成熟度などに応じて今後はさらに、CDOのあるべき姿も変わっていくでしょう。

❑ 改革と改善の"両利き"のDXが展開を加速する

志度 DXについては、新型コロナウイルスの感染拡大を受けて、リモートワークや、ハンコの廃止、政府の「デジタル庁」の設置など、コンピューター／IT（情報技術）活用のすべてが「DX」として語られるようにもなりました。コロナ禍で

DXへの取り組みは変わってきましたか。

浦本　デジタルへの理解は、この1年で格段に高まりました。コロナ禍が逆に奇貨となり、オンライン会議などのツールが現場に一気に広がりましたし、その結果として、デジタルと社員、さらには経営との距離は格段に近づいています。

　ただし、真のDXの推進という意味では、もう一歩の進展が必要だというのが実感です。会議のオンライン化は急速に進み始めていますが、業務全体としてなすべきこと自体はまだまだ十分とは言えません。

　ただ、すべてを「改革」と呼ぶとハードルが高く感じられ、変化に対する心理的な抵抗も湧きがちです。

　そこで私が社内に向けて意識的に発信しているメッセージが、「右手に"変革"、左手に"改善"」という"両利き"のDXです。現在注目されている「両利きの経営」と同じ考え方です。DXを自分ごととしてとらえてもらうための最初のステップとして、自分の業務に関する改善であれば、会社の抜本的な改革よりも心理的障壁が低いからです。

　DXの進捗には時間を要します。これに対し、改善は変革よりも小粒ですが、改善によるコスト削減効果も決して小さくはありません。もちろん、最終的に狙うのは変革なので、両手のこぶしを振り上げ続けていく必要があります。

岩野　中長期な観点からDXを舵取りするフェローの立場からすれば、新型コロナウイルスを機に企業は、「社会にどんな価値を提供できるか」を従来にも増して鋭く問われるようになったと感じています。

　しかし、世の中で話題に上るデジタル施策の多くは、オンライン会議や電子印鑑などが大半で、我々もそこから完全には脱却できていません。DXの1つの本質は、デジタルで仕事のやり方を見直し、企業間や企業内の関係性を根本から変えることです。こうした価値に寄与するDXに、取り組みの軸足を移していかなければなりません。

　昨今のコロナ禍でのDXに関する報道などを見ていると、新たな危機感が拭い切れません。その1つが「やった気になった症候群」です。

　DXでは新たな考え方を注入し続けることが大事です。気を緩めると停滞を免れません。きっかけがコロナであったとしても、そこでできあがった仕組みをブラッシュアップし続けられるかどうかは新たな挑戦になるでしょう。

もう１つ、DX で取り組むアイデアが、自身が想像できる範疇にとどまってしまい、それが変革の妨げになりかねないことも悩ましい。この点については、例えば三菱ケミカル HD では、中長期経営基本戦略『KAITEKI Vision 30（KV30）』において「サスティナビリティマネジメントの徹底」を掲げるなどし、DX の可能性をより広い視野で検討できるようにしています。

❑ デジタルと現場を結び付ける"教養"が
　 DX の成否を分ける

志度　ところで本書は、三菱ケミカル HD が社内 e ラーニング用に作成したコンテンツ『DX の基礎』の内容に基づいています。

　e ラーニングを実施するというお話をうかがった際に、コンテンツの対象者がデータサイエンティストなどの専門家ではなく、全社員を対象にするという全社展開への"本気度"を感じると同時に、コンピューターに関することに限定せず、デジタルの背景やビジネスモデル、組織体制など、できるだけ広範囲な話題を盛り込んだほうがよいと考えました。

　なぜなら、DX を進めるに当たっては、コンピューターだけでも、ビジネスだけでもなく、さまざまな要素を複合的かつ同時に考えていくことが大事だと感じていたからです。

　そうして完成したコンテンツを本書では『DX の教養』としました。学問としての教養（リベラルアーツ）は「世界全体を知る」ことを目的に、文法・論理・修辞の言語系 3 学と算術・幾何・天文・音楽の数学系 4 学から成り立っています。同様に本書では、DX に取り組むために最低限必要であろう項目を広く取り上げています。

　取り上げているテーマの 1 つひとつは、それぞれに何冊もの専門書籍が刊行されているほどに奥が深いものです。本書をきっかけに興味の対象を広げ、そこから専門性を高めていっていただければと思っています。

岩野　その見方には全く同感です。先ほどもお話ししたように、人は自分の知る範疇でしか想像を膨らませられません。特に DX においては、これまで無関係と思えた技術や考え方が鍵を握ることも多く、世の中のこと、技術のことに関しては、知識は豊富なほど望ましいのです。

　知識の幅を広げることは一見、大変そうですが、あらゆる学問は積み重ねで

あり、ベースさえ理解できていれば、さまざまな応用が可能になります。1つを知ると周辺にも関心が湧くはずで、すでに得た知と別の領域の知が融合し、新たな知が生まれてくることも理解できるでしょう。色々な視点からのとらえ方を手に入れることにより、より深く物事の本質をとらえられるのではと考えます。

そうした繰り返しにより想像の範囲を広げられれば、DXを推進するための、より多くのアイデアの引き出しを持てるようになりますね。

志度 昌宏 DIGITAL X 編集長

1985年、慶應義塾大学理工学部数理科学科卒業、日経マグロウヒル社（現日経BP社）に入社し、IT分野における記者活動をスタート。『日経コンピュータ』などの副編集長、専門サイト『EnterprisePlatform』編集長、IT総合サイト『ITpro（現X TECH）』開発長などを歴任。2013年4月からインプレスビジネスメディア（現インプレス）。2017年10月に「デジタルな未来を創造するためのメディア」として『DIGITAL X』を創刊。一貫して企業や社会におけるテクノロジー活用のあり方や、テクノロジーの価値と影響をテーマにした情報発信に取り組んでいる。

浦本　企業や組織における教養というと日本では、個々の技術を学ぶ、あるいは資格を取るために書籍を買って学習するという話になりがちです。ただ、それらは知識を固定的に学ぶものです。DXでは、課題を見出すところから始まり、その課題に対し、どんな技術をどう使い、どこまで成果を大きくできるか、明確な指針がない場合にどのように思考するかを問われます。これは多くの場合、非定型的な作業です。それだけに、視野の広さは、ますます重要になってくるでしょう。

岩野　化学業界では今、将来の工場のあり方として「セルフ・オプティマイジング・プラント」という考え方が注目されています。極めて複雑なプロセスをコンポーネント、つまり「機能」の集合ととらえ、そのコンポーネントに人を含めた全体として自律的な最適化を目指すものです。

まさにDX的な発想ですが、これもいきなり生まれたアイデアではありません。コンピューター分野における各種のアーキテクチャーやネットワークなどの数十年来の技術研究の蓄積があります。

ただ、セルフ・オプティマイジング・プラントも当初は、化学業界では自ら

に関係するとは考えられませんでした。知識が不十分だったために現場でどう応用できるかを想像できなかったからです。

それが今は、高齢化による従業員の減少と現場の知見の断絶など、ものづくり企業が共通して直面する経営課題の解決策として、膨大なパラメーターを自動で制御するスマートファクトリーの枠組みが示されました。そして初めて、デジタルの力が理解され、多様な業界で自動化の動きが一斉に本格化してきました。

こうしたインパクトの巨大さこそがDXの凄さであり怖さですが、デジタルと現場の融合に向けては、デジタルを含めた幅広い教養が重要なことは明らかです。

浦本 幅広い教養を得るための学習は一朝一夕にはいきません。継続的な学習が必要です。そうした環境を作りつつ、各人が得意とする領域で、それぞれの勘が働く人材を育てたり、知識を持つ人同士を橋渡しし新たな視点を獲得できるように外部人材を取り込んだりも必要です。CDOやDXに取り組むチームにあっては、そうした仕掛け作りも、将来に向けた宿題の1つになりますね。

☐ SDGsやスマートシティなど
社会課題への対応が不可欠に

志度 DXへの取り組みを進めていくと、自社内での取り組みだけでなく、サプライチェーンを含めた最適化や、他業界・他業種への進出なども視野に入ってきます。あるいはSDGs（持続可能な開発目標）やスマートシティといった社会課題への取り組みも避けられないのではないでしょうか。

そう考えれば、他業界を含め、世の中の仕組み全体に興味を持てなければなりませんし、解決策としてのデジタル／コンピューターに対するリテラシーは、すべてに関係する"必須科目"だとも言えます。三菱ケミカルHDのDXにおいて異業種参入といった可能性はありませんか。

浦本 現時点では、私たちがすぐに異業種参入を目指すことは考えていません。ですが、例えばカーボンニュートラルに対する会社の立ち位置や、エコシステムの関係性において、これから社会的な課題との関係性が強まることは十分に考えられます。

岩野 そうですね。近年は SDGs など、より社会課題に前向きに対応することが企業には強く求められるようになってきています。製品／サービスのライフサイクル全体から環境負荷を評価する「LCA（Life Cycle Assessment）」といった考え方もあります。そこでは、デジタルを媒介に業界の枠を越えて情報を共有するためのエコシステムが形成され始めています。

　そうしたエコシステムに参画し自らの存在価値を高めるには、物流や小売り、さらには廃棄などを含めて、必要な機能やプロセスを網羅的に把握し、それぞれで発生するデータの意味も理解できなければなりません。

　その意味では、現業が属する業界にあっても、外の世界のことを知らなければさまざまなデータを入手できても使いこなせないのです。物事をより広い観点からとらえられるよう、経済学や心理学、社会学にも関心を寄せる必要があります。

□ 継続的な学びが DX 時代の組織を作り上げる

志度 e ラーニング『DX の基礎』や本書『DX の教養』が、そうした取り組みに向けたきっかけを提供できれば喜ばしいですね。最後に三菱ケミカル HD のみなさんや読者のみなさんにメッセージをお願いします。

浦本 まずは DX を「自らの働き方が良くなる、変わる機会だ」と前向きにとらえていただきたいです。これまで、やりたくてもできなかった、あれやこれやを実行するチャンスなのですから。

　そのうえで、DX に継続的に取り組んでほしい。岩野が先に「やった気になった症候群」と表現していましたが、デジタル／IT は進化の速度が速い、すなわち陳腐化が激しいだけに、せっかく獲得した強みも、そのままではすぐに失われ

てしまいます。これは非常にもったいない。継続的に取り組むことで、強みをさらに磨き続けたいですね。私たちも、それを支えるコミュニティ作りや知見、ツールの共有などを通じて、DXへの道筋を一緒に歩きたいと思っています。

　また良い意味で危機意識を持ち常にアンテナを張ってほしいと考えます。化学など、デジタル化という意味では、これまで大きな環境変化を経験してこなかった業界でも、これからは違います。自動車業界が、デジタル化の影響を受け「100年に1度の大変革期」を迎えているように、あらゆる業界で再構築の動きが広がっていくでしょう。

　例えば化学業界でも、顧客が原料から素材を作るという話も聞かれ始めています。そうした動きが広がれば、当社は単に原料を安く売る薄利多売のメーカーになりかねません。

　それぞれが存在意義を失わないためにも、デジタルによる新たな価値創出のアイデアを誰もが考えられるようになる必要があります。

岩野　DXの成功に向けては、将来に向けた明確なビジョンと意志があるかどうかに尽きるでしょう。これまで成功してきたやり方を変えることは本当に大変です。だからこそ、どのような会社になりたいのか、社会にどんな価値を提供したいのかを明らかにし、そのためのロードマップを描き、そしてDXの打ち手を具体的に示すことが重要になります。

　その意味でDXは、経営層だけの取り組みでもなければ、現場だけの取り組みでもありません。経営者が明確なメッセージを出し、そのビジョンが強烈かつ共感を与えるものであれば、現場の動き方も変わってきます。

　加えて、1人の能力には限界があります。だからこそ、チームとしてDXを動かしていかざるを得ません。変化し続けられる組織作りこそが究極のDXであり、そのための対話に向けた土台になるのが教養なのでしょう。

DX（デジタルトランスフォーメーション）の基礎知識

1章では、DX（デジタルトランスフォーメーション：Digital Transformation）が、なぜ重要視されているのか、DXにより何を変えなければならないのかなど、その基本的な事柄を説明します。

昨今は、コンピューターを活用する取り組みのすべてがデジタル化やDXと呼ばれる傾向にあります。そうした中にあっても、DXの本質を理解・追求し、日々の働き方や暮らしの中から、新たな事業やサービスの創造に向けて取り組めるようになりましょう。

Lesson 1 DX の定義

DX（デジタルトランスフォーメーション）に確立した定義はありませんが、本書では次のように定義します。

> 製品サービスのあり方や顧客への届け方、さらには、それらを実現するための仕事の進め方、働き方など、デジタルテクノロジーを活用して改革する中で、日々の業務改善と、新規事業やサービスを創造し、企業や社会の持続的な成長に貢献すること

DX に類似した略語に UX や CX があります。UX は User Experience（ユーザー体験）、CX は Customer Experience（顧客体験）の略で、Experience を "X" で表しています。これに対し DX の "X" は Transformation を表しています。これは欧米でトランス、つまり変換することを "X" で表すことに起因しています。

図表 1-1 DX（デジタルトランスフォーメーション）の定義。その重心は、単なるデジタル技術の適用よりも、新たな事業やサービスを創造し、企業や社会の持続的な成長に貢献することにある

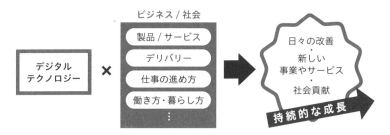

DX の定義を見ると、何やら大仰なようですが、みなさんの日々の生活を改めて考えてみてください。

2019 年末に新型コロナウイルスが確認され、同感染症（COVID-19）が全世界へと広がりました。日本でも 2020 年 4 月 7 日に最初の緊急事態宣言が発令されて以降、みなさんもオンライン会議を含めた在宅勤務など、これまで想像もし

なかった日々を過ごすことになりました。

図表1-2 新型コロナウイルスの登場により、私たちは、これまでの"常識"にとらわれない新たな日常を模索することになった

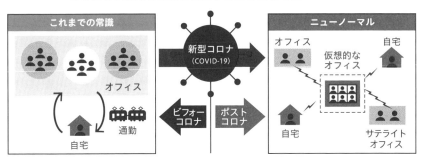

その後も日常を取り戻すための取り組みが続いていますが、日常が戻ったとしても、従来通りには戻らないとされています。新型コロナとの共存を余儀なくされた今、「ニューノーマル」とも呼ばれる新しい日常を模索し、実現していかねばなりません。それは、これまでの常識に囚われず、正解がない中で、より良い働き方や暮らし方を追求することに、ほかなりません。

コロナ以前から提唱されてきたDXはまさに、経済活動において「現状を良しとせず、正解がない中で、より良い解を追求する」取り組みでもあります。ニューノーマルな時代に相応しいビジネスや、それを実現し継続するための仕組みを確立できなければ、企業や組織、あるいは社会全体が機能しなくなります。

図表1-3 DX（デジタルトランスフォーメーション）は、経済活動において「正解がない中で最適解を追求する」取り組み。そこでは連想力や空想力、妄想力が生きる

「正解がない中で、より良い解を追求する」というと、とても難しいことのように聞こえますが、そこで大切なことは、あることから別のことを連想したり、自らの考えや想いを元に妄想したりする力です。

『風が吹けば桶屋が儲かる』という諺は聞いたことがあるでしょう。これは、一見すると全く関係がない事柄でも、影響を及ぼす何らかの関係を見出せるという意味です。このような関係に連想や妄想を働かせることが、先例や正解がない中では重要なのです。

例えば最近は、クルマの自動運転技術の開発が進んでいますが、完全な自動運転が実現されたとすれば、どんなことが起こるでしょうか。ちょっと妄想してみてください。

図表 1-4 クルマの自動運転が実現すれば "移動" はどう変化するか

自動運転ですから、ワイナリーで試飲もできますし、ぐっすり眠れるなら旅行中にホテルに泊まる必要はないかもしれません。であれば車内は寝室のような装備のほうがよいでしょう。決してぶつからないのなら、シートベルトもエアバッグなどの安全装置も不要です。そのときクルマは、今のような形をしているのでしょうか。

こんなことも、デジタル技術を利用すれば決して不可能ではありません。在宅勤務で通勤電車に乗らなくなれば、工場を遠隔から監視・制御できるとすればなど、考えを巡らすための起点はさまざまです。

その起点から、さまざまな物事を考える過程で、今は当たり前に思っていることへの疑問点や改善点などが見えてくるかもしれません。

そんな連想や妄想などから導かれたアイデアの実現に向けて、デジタル技術を最大限に活用しようとする考え方が DX です。

　ところで、新しいビジネスや、その仕組みの実現にデジタル技術を活用する取り組みは「デジタライゼーション（Digitalization）」とも呼ばれます。デジタライゼーションによく似た単語に「デジタイゼーション（Digitization）」がありますが、両者の意味は大きく異なります。

　デジタライゼーションは、ビジネスモデルを変革し新たなビジネスなどを創造することです。これに対し、デジタイゼーションは、アナログなものをデジタルに変換すること、つまりコンピューターで扱える情報に置き換えることを指し、業務の進め方といった仕組みは大きく変わりません。

　例えば紙の文書は、デジタイゼーションにより「Word」など文書作成ソフトのデータになり、再編集や遠隔地からの参照などが可能になります。これだけでは、紙と鉛筆をPCの画面とキーボードに置き換えたに過ぎません。

　データになった文書を活用して、ネット上で買い物をしたり、各種の届け出が完了できるようにしたりすることがデジタライゼーションです。

　DXでは、このデジタライゼーションをさらに拡張し、より競争力が高いビジネスモデルを実現したり、新しい価値を創造したり、あるいは、それらを実現するための仕組みを作り上げるという意味が強調されています。

　ところで、冒頭に示したDXの定義には、ここまで説明してきた新しい事業やビジネスモデルの実現だけではなく「日々の業務改善」が含まれています。DX

図表 1-5　「Digitalization（デジタライゼーション）」と「Digitization（デジタイゼーション）」の違い

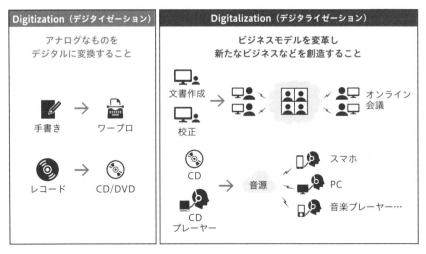

の定義によっては、事業やビジネスモデルの変革に重きがあり、単なる業務改善はDXではないとしているものもあります。

本書の定義の裏側には、既存の製造業である三菱ケミカルホールディングスにおいてDXを推進してきた経験に基づく筆者らの思いがあります。

確かにビジネスモデルの変革は、これまでのビジネスに囚われない企業の変革に向けた重要な要素です。しかし、多くの企業には現業（現在の業務）があります。新しく生まれたネット企業と比較して、現業を短期的にゼロにし、新規事業だけに切り替えるということは現実的には難しいことが多いのです。

多くの企業にとっては、既存業務をデジタル技術を使って改善し高い価値を生み出していくことも、変革同様に大事な要素になるのです。

企業の改革に継続して取り組み、大きくしていくためには、社員全体がDXを"自分ごと"だと認識することが必要不可欠です。まずは自身が携わっている業務において連想や妄想を働かせ、たとえ小さな改善でも実際にやってみて実感を得ることが、その第一歩になります。

このような思いから本書では、DXを「日々の業務改善と、新規事業やサービスを創造し、企業や社会の持続的な成長に貢献すること」と定義しました。改善か変革かのいずれか一方ではなく、両方に取り組み大きな価値を生み出すことが大事なのです。

まだまだ、DXが意味するところについてピンと来ないかもしれません。実際に、どのような取り組みなのか、以下のLessonで実例を挙げながら、説明していきます。

Lesson 2　実例に見るDX ＝ B2C編

　Lesson1で、DX（デジタルトランスフォーメーション）は、経済活動において既存の常識に囚われず、正解がない中で最適解を追求することであるとしました。それは、新しいビジネスモデルを実現したり、新しい価値を創造したり、あるいは、それらを実現するための仕組みを作り上げることです。

　そうしたDXの先駆けが、オンラインショッピング大手の米Amazon.comや、映画などをオンラインで配信する米Netflix、スマートフォンを世に問うた米Appleなどです。

　その後に続いた、タクシーの配車サービスからスタートした米Uber（正式社名はUber Technologies）や宿泊サービスの米Airbnbなどが、DXのインパクトの大きさと広がりを世界中に強く印象付けました。いずれも一般消費者を対象にしたB2C（企業対個人）型の事業会社です。

　Amazon以前や、iPhone以前を知らない世代にすれば、どこがDXなのだろうと思うほどに、各社とも今では当たり前のビジネスを展開する企業です。ですが従来の常識から比べればAmazonなどの登場は、世の中を覆すほどのインパクトをもたらしました。それゆえこれらの企業はディスラプター（Disruptor：破壊者）とも呼ばれます。

　何を破壊したのか。Amazonは今や、何でもそろうネットショップの代名詞のような存在であり、タブレット端末の「Amazon Fire」や音声認識デバイスの

図表 1-6　デジタルトランスフォーメーション（DX）の先駆的企業である米Amazon.comや、米Netflix、米Appleなどは、それ以前のビジネスを覆したため「Disruptor（破壊者）」とも呼ばれる

「Echo」、音声認識・応答サービスの「Alexa」などを開発・販売するほか、動画配信なども手掛けています。

　その Amazon が最初に手掛けたビジネスは本のネット販売です。ベストセラーや最新刊に限定せず、より多くの本をネットで検索し、郵送で届けるサービスを開始したのです。販売数は少ないけれど需要が確実にある商品を扱うことで、市場の裾野までをビジネスにするロングテールという概念を広げました。

　そして破壊されたのがリアルな書店です。長い歴史を持つ大手書店が次々と店を畳み、市場から姿を消していきました。電子書籍や Web メディアなどの広がりによる紙の本や雑誌、新聞などからの読者離れもあり、今も書店は苦戦しています。

図表 1-7 米 Amazon.com の創業時の事業は本のネット販売。既存の書店などが市場から姿を消していった

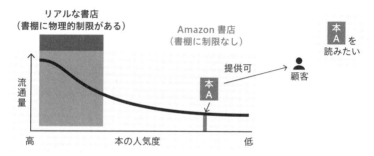

　Netflix が、映像配信で破壊したのはビデオのレンタル店です。映像配信以前の映画と言えば、映画館での上映後、ビデオテープあるいは DVD などの物理メディアに録画され販売あるいはレンタルされるのが一般的でした。ビデオテープや DVD などをレンタルする事業者が登場し、全国に大型店舗ネットワークを構築するまでになりました。

　消費者は店舗で借りたい映像を選び、借り出した期限までに店舗に返します。その後、ネットで検索し郵送で物理メディアを受け取り、視聴後にまた郵送で返却するという仕組みも登場しましたが、映像配信サービスが登場してからは、物理的にメディアをやり取りする必要がなくなり、レンタル事業者が一気に姿を消しました。

　Apple は、Netflix 以前に、音楽プレーヤー「iPod」の投入と同時に、音楽のオンライン配信を開始し、音楽 CD の販売・レンタル市場、さらにはオーディオ機器

図表1-8 米 Netflix は映像配信サービスにより、DVD などを貸し出していたレンタル事業を破壊した

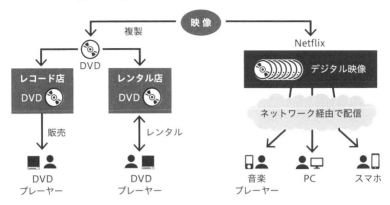

の市場を破壊しました。

さらに、iPod に電話の機能を追加した iPhone を投入し、iPhone と iPod 上で動作する各種アプリケーションをオンラインで販売する「App Store」を立ち上げます。

これにより、それ以前の携帯電話および携帯電話向けサービスの市場、さらには PC 用のアプリケーションパッケージを店頭で販売するというビジネスモデルも破壊しました。

今ではスマートフォンが 1 台あれば、さまざまな調べ物から商品の購入、映像の閲覧、友人／家族などとの各種コミュニケーションまで、日々の暮らしに必要なことのほとんどを完結させることができます。

これも、Amazon や Apple などが市場に投げかけた DX が成功し、それに追従したり他業種に展開したりした多くの破壊者が、さまざまなサービスを投入して

図表1-9 米 Apple の iPod／iPhone は、音響機器メーカーの事業や、音楽やソフトウェアなどの流通事業を破壊した

きた結果です。

　こうした企業がディスラプターと呼ばれるのには、もう1つ理由があります。Amazon や Netflix、Apple などは、書店やビデオレンタル店の事業、音楽プレーヤーや携帯電話のメーカーなど、彼らが破壊した業界にいた事業者ではないということです。異業種からあるいはベンチャー企業などの新規参入組です。これは Uber や Airbnb なども同じです。

図表 1-10　Amazon や、Uber、Airbnb らは既存業界外から参入してきた

　つまり業界内の競争が激化したのではなく、予期せぬところからいきなり新たな競争軸でもって攻め込まれたのです。

　Uber や Airbnb に至っては、タクシーの配車や宿泊といったサービスを提供するものの、Uber はクルマを所有せずドライバーを雇用していないし、Airbnb はホテルなどの建物を所有していません。利用されていない個人の資産などを使ってタクシー事業者やホテル事業者と同等のサービスを提供しているのです。

　こうした形態はシェアリングエコノミー（共有経済）という一大事業分野になりました。

図表 1-11 自ら資産を持たない Uber や Airbnb のビジネスモデルは「シェアリングエコノミー（共有経済）」として拡大

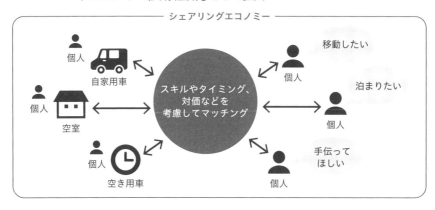

　さらに、それぞれが手掛けるビジネスモデルを実現するために、高い技術開発力やデザイン力を備えていることも共通です。Amazon は現在、同社のネットビジネスなどを支えるコンピューティングの仕組みを、AWS（アマゾンウェブサービス）のブランド名で他社に外販しています。Uber の正式会社名が、まるで IT 事業者のような Uber Technologies であることにも、テクノロジーへの自負がうかがえます。

　つまり、DX が重要視される最大の理由は、ある事業領域に対し、デジタル技術を強みにする新興企業が参入し、既存事業者のビジネスモデルを崩していることにあります。彼らの参入軸は、それまでの同業他社との競争軸とも異なっ

図表 1-12 Amazon や Uber はテクノロジーを中核に持つ企業である

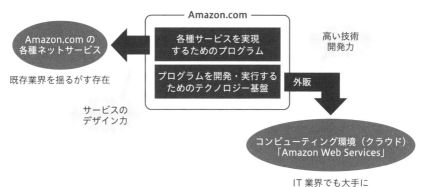

ていることもあり、それまでの常識が一気に崩されてしまいます。それゆえの
ディスラプターなのです。

Lesson 3　実例に見る DX ＝ B2B 編

　Lesson2 では、DX の実例として Amazon や Apple、Uber などを例に挙げました。彼らは主に B2C（企業対個人）のビジネスを手掛ける企業です。

　同様の動きは B2B（企業間）のビジネスでも起こっています。Amazon や Apple などが持ち込んだ新しいビジネスモデルが B2B 市場にも持ち込まれているからです。

　その背景の１つに、現在のデジタルテクノロジーや、その利用方法は、一般消費者、つまりコンシューマー向けとして発展する傾向が強まっていることがあります。

図表 1-13　現在のデジタルテクノロジーは、一般消費者向けから発展し企業内へと広がっていく

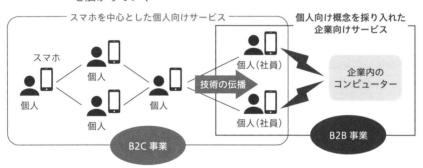

　かつてコンピューターは企業内で利用する業務用がほとんどでした。それがスマートフォンに象徴されるように、個人向けの機能やサービスが先行し、その中から有効な仕組みが企業にも導入される順番になりました。

　DX の動きも、一般消費者に向けて開発された製品、サービスが普及し、それが企業内の仕組みにも採り入れられるという流れが強まっています。

　加えて、B2B 市場では製品の成熟に伴って、モノ単独での付加価値の追求が難しくなり、よりサービスとしての付加価値を高めざるを得ないという側面もあります。それは異業種からの参入というよりも既存企業自らが事業改革を進めるケースが多くなります。

　こうした製品販売からサービスの提供へシフトする動きは、モノからコトへ

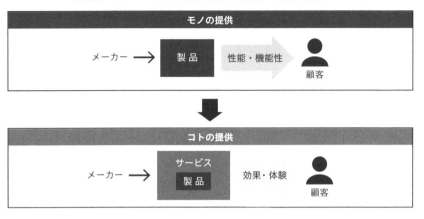

図表1-14 製品販売からサービス提供へのシフトを「モノからコトへ」の変化と表現する。モノが生み出す結果や体験の価値が高まっている

とも表現されます。ここでのコトとは、モノによって生み出させる結果や体験を指します。モノを売るのではなく、そのモノを使うことで得られる価値を提供するということです。

　ものづくりに注力してきた製造業においても、モノからコトへ向けたDXの実行例が増えています。その牽引者が英国のロールスロイス（Rolls-Royce）やドイツのシーメンス（Siemens）、米国のGE（General Electric）など、航空機用エンジンや発電機などのメーカーです。

　航空機用エンジンや発電機に限らず、ほとんどのハードウェア製品は、顧客に販売し、顧客の所有の元、顧客が使う形態が一般的です。これはB2BでもB2Cでも、ほぼ同じです。長く安定して使うための点検や保守においても、メーカーが代行するサービスもありますが、大型機器を大量に使用する顧客企業ほど、専門人材を抱え自前で運用・保守しています。

　航空機エンジンを搭載した航空機を運航する航空会社や発電機を購入した電力会社なども自前の運用部隊を保有しています。そうした中で、例えば航空機用エンジンを開発・販売するロールスロイスは、エンジンを販売するのではなく、顧客がエンジンを使って生み出せる付加価値、すなわち航空機の飛行時間や速度などに応じて利用料金を徴収するモデルを打ち出しました。

図表 1-15 従量課金モデルの例。英ロールスロイスは航空機用エンジンが生み出す付加価値に応じて利用料を徴収する

実際に飛行した期間にのみ従量課金する

航空機用エンジン

格納庫（メンテナンス）

◄――― エンジンを購入すると待機中やメンテナンス中も費用を負担している ―――►

　シーメンスや GE は、水力や風力などによる発電機に対して、同様のモデルを採用しています。発電機を販売するのではなく、実際の発電量に応じて課金するのです。

　航空会社や電力会社にすれば、故障やメンテナンスでエンジンや発電機が稼働していない時間は対価を払わなくて済みます。このモデルの元にあるのは、「顧客である航空会社や電力会社が必要としているのは、航空機のエンジンや発電機そのものではなく、推力や発電量、さらに言えば安全かつ定時での航空機の運航体制や、安定した電力の供給体制だ」という考え方です。

　利用料金を徴収するモデルに切り替えるに当たりロールスロイスやシーメンスらは、製品に多数のセンサーを取り付け、エンジンや発電機の稼働状況を遠隔地から把握できるようにしました。利用量に応じて課金するには、必要な推力や発電量を、いつ、どれだけ提供したのかを正確に把握する必要があります。

　加えてセンサーで取得したデータを分析すれば、製品の不具合を事前に検知

図表 1-16 データに基づいた新しい保守の考え方

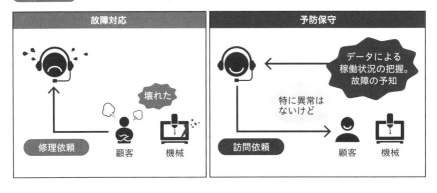

することも可能になります。これにより製品が故障して停止してしまう前に、整備したり部品を交換したりするのです。

　一般には「稼働何時間おきに」など定期的な点検・保守が実施されていますが、データに基づくことで、実ビジネスへの影響を最低限に抑えながらの保守が可能になります。

　GE は、保守部品の供給などに向けた 3D（3 次元）プリンターの活用にも積極的です。3D プリンターを活用すれば、必要な部品を必要なときに、場合によっては保守の現場近くで製作することで、予防的な保守部品の在庫コストや輸送コストを削減できます。

　航空機の部品は、安全性の面から航空局による認証を得る必要がありますが、GE はすでに一部部品の認証の取得も終えています。

　航空機エンジンや発電機における利用料徴収型のモデルは、他の製品分野にも広がっています。ビルなどに設置する空調機などの大型製品から、機器に装着するベアリングなどの部品などにも適用例があります。

　空調機であれば、室温を快適に保つために稼働した期間に対して、ベアリングでは一定精度以上できちんと回転を保った期間に対して課金します。いずれのケースもセンサーなどで空調機やベアリングの稼働状況をモニタリングしています。

　こうした利用量に応じて課金するビジネスモデルは、サブスクリプション型とも呼ばれます。サブスクリプションは「購読」という意味です。雑誌の定期購読が、一定期間契約を結べば、その期間は雑誌が定期的に届くのが元のモデルです。最近は、製品を販売せずに、その利用に対して課金するモデルの総称と

図表 1-17　3D プリンターで保守部品を製造すれば、在庫管理の考え方も変わる

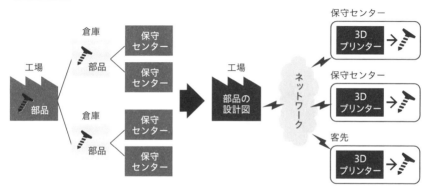

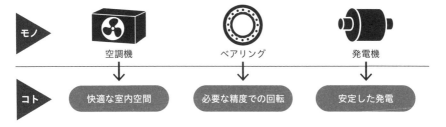

図表 1-18　「モノからコトへ」の取り組みが広がっている

| モノ | 空調機 | ベアリング | 発電機 |
| コト | 快適な室内空間 | 必要な精度での回転 | 安定した発電 |

して使われています。

　上記のような製造業に限らず、DX の取り組みは、さまざまな業種・業界で起こっています。そうした各業種における DX の取り組みは、Fintech や Agritech、Meditech、Transtech などとも呼ばれます。例えば Fintech は金融（Finance）と技術（Technology）からなる造語、Agritech は農業（Agriculture）と技術による造語です。これらを総称し「xTech（クロステック）」と呼ぶこともあります。"x" は、さまざまな業種が入ることを示しています。

　これら xTech の具体例については 6 章で説明しています。

図表 1-19　DX のうねりはさまざまな業種・業態に広がっている

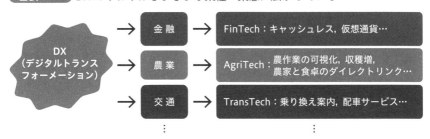

DXが求める「技術起点」から「顧客起点」への切り替え

Lesson2で、DXの体現者の代表としてAmazonや、タクシーの配車サービスからスタートしたUberなどを挙げ、彼らがデジタル技術を強みに既存事業者のビジネスモデルを崩していることからディスラプターと呼ばれていると紹介しました。Lesson3で取り上げたB2B業界でも同様の動きが広がっていました。

ではなぜ、彼らは、既存事業者や同業他社を押しのけ、顧客を獲得できているのでしょうか。

その最大の理由は、彼らのビジネスが顧客起点で考え直されている点にあります。書籍のオンライン販売からスタートしたAmazonで言えば、街中の本屋さんの店頭に並んでいない、つまり売れ筋ではない本を読みたいといった顧客のニーズに、タクシーの配車からスタートしたUberならば今いる場所から目的地まで、なるべく早く快適に移動したいという顧客ニーズに、それぞれ応えています。

図表1-20 AmazonやUberなどDisruptorは「顧客起点」を徹底している

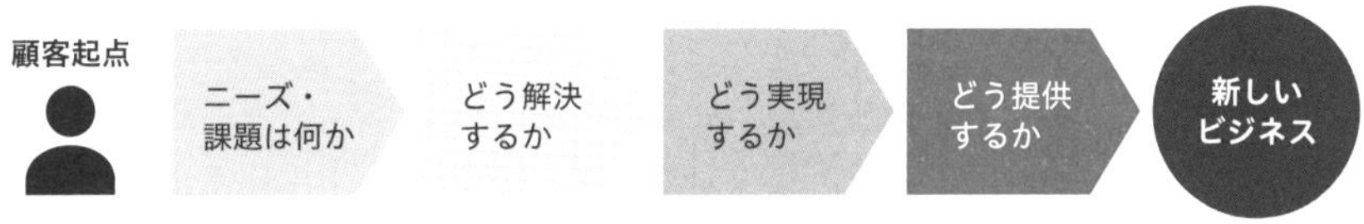

顧客起点の考え方を、Uberを例に少し詳しく見てみましょう。

Uberは、タクシーの配車サービスとして登場しました。スマートフォンを使い、目的地や人数を入力すれば、今いる場所の近くにいるクルマが迎えに来てくれ、目的地まで届けてくれるサービスです。迎えに来るクルマはUberの所有ではなく、Uberのサービスにドライバーとして登録している個人が所有する自家用車です。

Uberの登場で打撃を受けたのが既存のタクシー事業者です。既存の事業者は、クルマを調達し、ドライバーと契約したうえで、タクシー乗り場やホテルの前などで乗客を待ったり、街中を走りながら乗客を見つけたりするスタイルで事業を展開しています。客がタクシーを探さなければなりません。

図表 1-21 Uber のサービスとタクシー事業社会のサービスの違い

いずれのサービスも、利用者はクルマを運転することなく、目的地に移動できます。両者の違いはどこから生まれてくるのでしょうか。

Uber が提供しているサービスを、細かく分解してみると、次のようになります。

利用者が今いる場所は、スマホの GPS 機能で分かるので、利用者が場所を告げなくても、その場所に迎えに行けます。事前に目的地を告げてあるので、利用者が行き先を説明する必要もありません。しかも、乗車場所と降車場所が分かるので料金も事前に提示できます。その料金も登録済みのクレジットカードで決済するため現金のやり取りはありません。

そのほか、ドライバーの対応や運転スキルを乗客が評価する仕組みがあります。これにより、ドライバーも高い評価を得ようと応対を工夫するようになります。クルマも自家用車ですから一般的な商用車より内装も凝っています。Uber によって収入を得られるドライバーは、これまでよりクルマへの投資余力

図表 1-22 Uber が提供する配車サービスを要素分解した結果

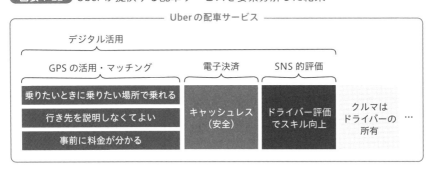

ができるため、新車に乗り換えるサイクルも短くなるようです。

　逆にドライバーが乗客を評価する仕組みもあります。乗車マナーが向上すれば、ドライバーも安心して業務に取り組めるため、さらなるサービス品質の向上も期待できます。

　これに対しタクシー事業者の場合はどうでしょうか。利用者はタクシー乗り場まで移動するか、街中を走っているタクシーを探さなければなりません。いずれもすぐに乗車できるとは限らず、その待ち時間も検討がつきません。

　行き先は、乗車後に正しく告げる必要があります。場合によってはドライバーに道順を教えなければならないかもしれません。到着後は、メーターに示された料金を支払いますが、予想以上に高額になっていることもあります。さらには、ドライバーが不正を働き、遠回りされたりメーターを使わずに法外な料金を請求されたりするかもしれません。

図表 1-23 タクシー事業者のサービスを要素分解した結果

　このように Uber のサービスは、顧客の負担が少なく、支払いに関しても安心・安全な仕組みになっています。単に乗客を運ぶというだけでなく、移動の前後を含め、タクシーでの移動における CX（Customer Experience）、つまり顧客体験を大きく変えました。

　これらのメリットを持つ Uber ですが、日本では、法規制の関係から、海外同様のサービス展開に苦戦してきました。最近はタクシー事業者と提携し、タクシーの配車サービスとして提供が始まっています。

　しかし、日本のタクシー事業者は元々、ドライバー教育を施し、接客態度を高めています。都心なら、多くのクルマが客待ちもしていますし、無線による送迎の仕組みも整備されてきました。金銭に伴うトラブルも海外に比べれば、はるかに少ないでしょう。顧客起点の考え方が元々強い日本においては、海外発の新サービスが意外と目立って素晴らしいサービスに見えないとも言えます。

図表 1-24 サービス重視の日本のタクシー事業者に対しては Uber も苦戦

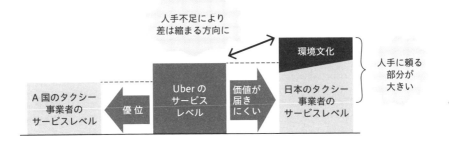

　ただ、そうした日本のサービスは、これまで現場の人が対応することで実現されてきました。少子高齢化に伴う労働人口不足が進む今後は、人が、これまで通りの対顧客サービスを提供し続けることは不可能です。その観点からも今後は、顧客起点をデジタルテクノロジーを使って実現していく必要性が高まっていくでしょう。

　デジタルテクノロジーを使った対顧客サービスには、もう1つ大きな利点があります。サービスの構成要素を横展開できることです。飲食店の料理を宅配する「Uber Eats」がその一例です。タクシー配車のマッチングの仕組みを元に、乗車位置を飲食店、降車位置を届け先として、最寄りで配達ができる人のマッチングを図っています。

図表 1-25 Uber はタクシー配車の仕組みを「モノを運ぶ」仕組みに展開している

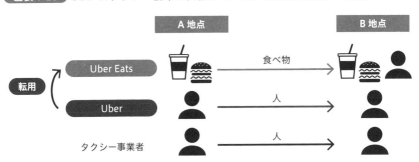

　例えば「インドネシアの Uber」と呼ばれる GoJek は、インドネシアの移動手段の主流であるバイクの配車サービスで起業したベンチャー企業です。同社は、人や食べ物だけでなく、個人宅を対象にしたマッサージや家事代行といったサー

ビスなども手掛けています。バイクを使って、顧客の代わりにマッサージ師やハウスキーパーを個人宅に届けることで実現しています。

　Uber や Uber Eats、GoJek などが展開するいずれのサービスも、あるモノを目的地に届け、支払いを完了させる点では共通です。これに対しタクシー会社が構築してきたビジネスモデルは、タクシーの運行に特化しているため、人を運ぶ以外のビジネスへの展開が難しいと言えるでしょう。

　このことは現在の Amazon が提供しているサービス内容を見ても理解できるでしょう。書籍のオンライン販売からスタートした Amazon は、今では多種多様の商品を扱っているほか、商品を個人宅に届ける物流面でも数々の新サービスを投入してきました。書籍の電子化が進んだ今は、映画やテレビ番組の配信を始めたほか、映画や番組そのものを制作するようにもなっています。

図表 1-26 Amazon.com はネット販売の対象を拡大することで、複数の業界に次々と参入し業界を揺るがしている

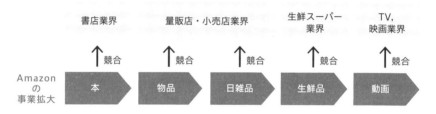

　ディスラプターが考えている顧客起点とは、顧客のための付加価値を徹底して追求することです。つまり DX における顧客起点とは、現行のビジネスモデルが有効に機能している状況下にあっても、顧客が真に望んでいることは何かを考え続けることにほかならないのです。

顧客を起点に起こる
変革の連鎖

　Lesson4 では Uber の配車サービスを例に顧客起点を説明しました。主に顧客との接点における変革を紹介しましたが、顧客起点とは顧客との接点だけで成り立っているわけではありません。ここでは、顧客起点で考えることが、事業領域全般に関係することを説明します。

　顧客起点に強く関係するキーワードに CX（顧客体験）があります。顧客の日常生活全般における体験と、それに伴う感情や行動の変化などと定義されています。

　CX によく似たキーワードに UX（User Experience：ユーザー体験）があります。UX も日本語では顧客体験と訳されることが多いのですが、UX は Web サイトやスマートフォン用アプリケーションなど、システムの使い勝手を強く意識しています。「User（利用者）」という言葉はメーカーやベンダーなど作り手や売り手の意識から生じるからです。

図表 1-27　「CX（Customer Experience：顧客体験）」は「顧客の日常生活全般における体験と、それに伴う感情や行動の変化」などを指す

　UX よりも CX が重視されるようになったのは、Amazon の例にもあるように、顧客との接点が従来のリアル店舗や電話だけでなく、ネットへと広がってきたからです。そのネットも、Web サイトだけでなく、スマホアプリが加わり、Facebook や LINE などの SNS（ソーシャルネットワーキングサービス）を介して他者の評判なども瞬時に共有できるようになりました。

　販売側からすれば、リアル店舗を訪れてもらい、そこで実際に接客するだけでは顧客の日常において、ほんの一瞬しか顧客に対峙していないことになります。顧客はいつでも、どこでも、好きなときにネットで商品を検索し、そのう

えで店頭で実際の商品の質感や操作性などを確かめています。そこから再度ネット上で評判や最安値の店舗を検索しています。

購入の意思が固まってからも、競合他社からメルマガや優待クーポンが届けば、改めて商品や購入先を検索・比較することも珍しくなくなりました。顧客が購入の意思決定を下すタイミングが多様化しているのです。こうした一連の行動を考慮したうえで、顧客に選ばれる仕組みを考えなければなりません。

図表 1-28 顧客が "購入" を意思決定するタイミングが多様化している

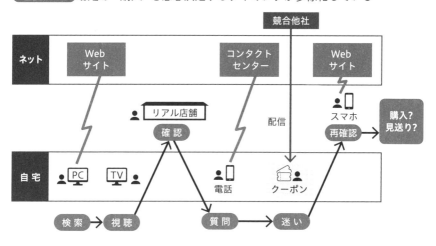

このことは、B2B ビジネスの企業でも同じです。製品や素材を選定する担当者は、個人ビジネス同様に、さまざまな情報を容易に入手できるようになってきました。かつては専門家しか知らなかった情報も今では、ネット上で多くが流通しています。

実際、B2B の営業活動においても、Web での情報公開に加え、SNS を使った情報提供や、そこから個人に、より詳細な情報を直接届けるといった仕組みを運用する企業は特別な存在ではありません。

さらに、センサーとネットワークを組み合わせれば、顧客に販売した製品の稼働状態や利用状況などを直接、取得できるようにもなってきました。これまで顧客接点を直接的には持てなかった企業が、顧客の状況を把握できる手段が登場しています。そこでは、B2C だから、B2B だからといった区分も意味が薄れてきているのです。

こうした CX の議論では、顧客との接点や販売チャネルが中心になりがちで

す。しかし、店頭やネット上での顧客体験を最適にするためには、顧客には直接に見えない物流や製造などのあり方も考えなければなりません。

　例えば、チェーン店において顧客がある店舗を訪れたところ、目的の商品が品切れだったとします。在庫を持つ近隣店舗はないか、あるいはネットショップで購入すればいつ届けられるか、といったことが即答できれば、顧客は他店舗に逃げないかもしれません。

　そのためには、他店舗とネットショップの在庫、ネットショップからの配送状況などが、その場で検索できる仕組みが必要です。

図表 1-29 CX を改善するためには物流や製造のオペレーションも変える必要がある

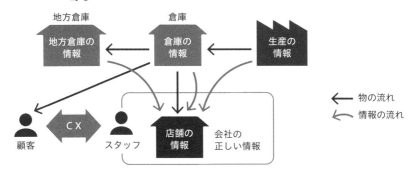

　製造業における DX の領域の 1 つに保守サービスの見直しがあります。従来の保守は、定期的に点検・修理することで故障を防ぐか、故障の連絡を受けてから修理に向かうしかありませんでした。それがセンサーなどを使って故障の前兆を検知できるようになれば、定期点検をしなくても、故障が発生する前に修理ができるようになります。

　このとき、コンタクトセンターは顧客から故障の連絡を受ける窓口から、故障を防ぐための修理日程を決めるための窓口に変わります。そのためには、修理担当者の稼働状況などを把握できる仕組みが必要になります。修理部門も、定期的に巡回先を決めるのではなく、故障を予知できたタイミングで行動する体制に改めなければなりません。

図表 1-30 製造業が保守体制を予防保守に変えるには、コンタクトセンターや保守部門のオペレーションも変える必要がある

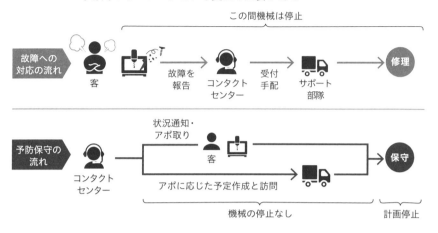

これらは一例ですが、こうした動きを可能にするためには、生産管理や物流管理のシステム、保守担当者の勤務管理システムなど、種々のバックエンドの仕組みを見直す必要があります。

CX を考え、バックエンドのオペレーションを見直せば、店頭の販売員や保守担当者のように、スタッフの働き方にも変化が及びます。必要なスキルも異なってくるでしょう。であれば、人材教育の内容や、採用する人材像そのものから変えなければならないでしょう。

図表 1-31 CX のためにオペレーションを変えればスタッフの働き方も変わる

このような連鎖を考えれば、DX による新しいビジネスの創造は、既存の仕組みを持たないベンチャー企業などのほうが容易だと言えます。Amazon や Uber などがディスラプターなのも、そうした側面は否定できません。

逆に、既存資産を多数抱える企業にあっては、DXに取り組み顧客起点に変わるためには、特定の事業や部門に閉じた取り組みでは終わらないことを十分に理解する必要があります。

6 データがDXの駆動源

　ここまで、DXの定義や実例、その実行に向けた重要な視点としての顧客起点について、説明してきました。顧客起点は、ビジネスとして当たり前ではないか、デジタルは関係ないのではと思われた方も少なくないかもしれません。

　お客様に喜んでいただく、社会に貢献するといった視点は、現代の企業／組織の活動にあって当然の姿勢です。ではなぜ、わざわざデジタルを強調するのでしょうか。その最大の理由は、データ駆動型経営の実現にあります。

　データ駆動型とは、経験や勘だけに頼るのではなく、データによって最新状況を把握し、近未来を予測しながら最適な行動を取るという考え方です。経営判断に必要なデータを、より多く、より多彩に、そして、より正確に収集し分析することを可能にするテクノロジーの総称がデジタルです。

図表 1-32 経験や勘だけに頼らずデータに基づいて意思決定を下す

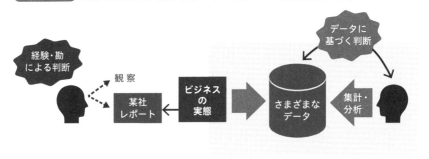

データ駆動型経営

　AmazonやGEの事例を思い出してみてください。特に強調して説明されていませんが、彼らが実現している「市場に存在するすべての本を検索できる」「お薦め商品を推薦するエンジンの稼働状況を把握する」といったサービスを可能にしているのが各種のデータです。

　すなわち、検索できる形になった本のデータ、どんな商品を検索したり購入したりしているのかという行動データ、エンジンの回転数や温度などといった稼働データなどです。

　現在も経営判断にはさまざまなデータや数値が活用されています。ただ、そ

の多くは、日々の活動を週単位や月単位、地域単位などで集計した結果です。市場動向なども、そうした集計データやアンケート結果などが多用されてきました。

　これらデータが示すのは、過去に起こったことであり、ある集団で要約された結果です。データの集め方や集計方法によっては、そのデータが示しているのは1カ月前、1年前といったことも珍しくはありません。

　1年前のデータに基づき意思決定を下し、そこから施策を打ったとしても、その効果が数値として集計できるのが1年後だとすれば、どうでしょう。今現在の市場の実態は分からずに施策を打ち、それが正しかったのかどうかもすぐには分からない。この空白を埋めているのが経験や勘です。

図表 1-33　データの空白地帯を"経験や勘"が埋めている

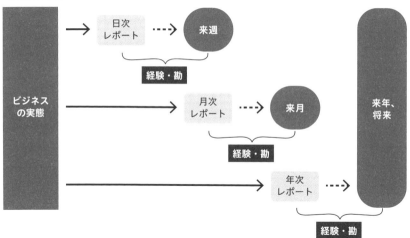

　もちろん長年の活動から導きだされた経験や勘の力は侮れません。しかし、十分に信頼できる経験と勘を熟成するには、長い時間と経験のための場が必要です。ただ残念ながら現代は、市場や顧客ニーズの変化の速度が高まっているうえ、市場の範囲もグローバルへと広がっています。これらに追従できるだけの経験と勘を得ること自体が難しくなっているのです。

　これに対しデジタルテクノロジーは、顧客の嗜好や動向、製品の稼働状況などを示すデータの取得を容易にしています。

　例えば、みなさんが日々使っているスマートフォンであれば、いつ、どこで、

誰が、どの端末が、どのアプリを、どの程度使って、何をしたのか、といったデータの取得が技術的には可能です。同様に自動車も、いつ、どこを、どのような操作により、走行したかなどが分かります。

　こうしたデータは、顧客1人ひとりや製品1台1台の今の状況をリアルタイムに教えてくれます。B2B企業にとっては、これまでなら間接的にしか知る術がなかった最終顧客と直接につながる手段になります。

図表 1-34 B2B企業も最終顧客の動きを直接把握できるようになる

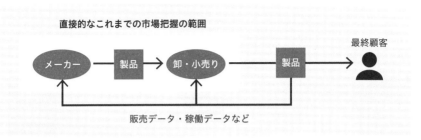

データを介して最終消費者の動きを直接的に把握

これらのデータを集計すれば、市場動向を示す統計データにもなります。さらに、データをシミュレーションすることで、これから何が起こりそうか、あるいは考えている施策が有効に左右するのかどうか、といった近未来の予測も可能になります。デジタルな経験と勘を、データがもたらしてくれるというわけです。

　データが持つ力を最大限に活用しているのが、米国の「GAFA（ガーファ）」、すなわちGoogle、Apple、Facebook、Amazonや、中国のBaidu（百度）、Alibaba（アリババ：阿里巴巴）、Tencent（テンセント：騰訊）からなる「BAT（バット）」といったテックジャイアント、技術系巨大企業です。

　テックジャイアントは、スマートフォンやSNS、ネットショップなど、コミュニケーションのための、より汎用的なサービスを提供しながら大量のデータを収集し、そこから新たな付加価値サービスを提供しています。彼らのサービスを使って新たなサービスが提供されることから、「プラットフォーマー」とも呼ばれています。

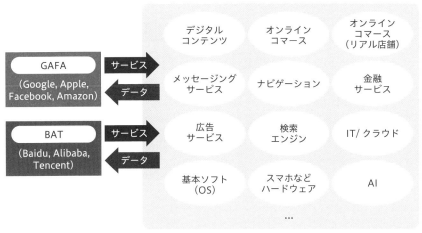

図表 1-35 米国の「GAFA（Google、Apple、Facebook、Amazon.com）」や中国の「BAT（Baidu、Alibaba、Tencent）」の事業領域は幅広い

参入している事業領域

ただ GAFA や BAT などプラットフォーマーに対しては、その影響力が、あまりにも巨大化したため、独占禁止法や国家間の競争の観点から、種々の制限を課す動きも起こっています。Uber や Airbnb などに対しても、各国文化の違いや法規制、既存事業者や個人の権利の保護などの視点により、新たな規制が設けられる動きもあります。

例えば Uber は、ドライバーの雇用などを巡る訴訟で争っていますし、日本ではタクシー配車サービスを限定的にしか提供できていません。アジア地域では撤退も余儀なくされています。

こうした動きは、既存勢力による既得権益を守る動きとも言えます。

DX によって生み出されるビジネスや社会サービスは、デジタル技術やビジネスモデル的に、どれだけ優れていても不十分です。プライバシーへの配慮や、リアルな社会との整合性、新サービスを受け入れられるだけの環境の有無などを十分に考える必要があります。

そのためには、デジタルによって生み出す新ビジネス／サービスの提供先であるリアルな社会に興味を持ち、より良い解を熟考することが重要です。それこそが未来に向けた第一歩になります。

図表 1-36 デジタルトランスフォーメーション（DX）においては、デジタルな世界だけでなく、リアルな世界での価値を、これまで以上に考えることが重要になってくる

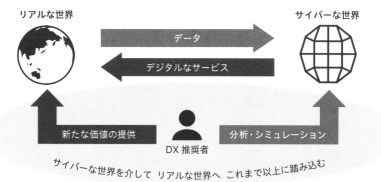

DXを支えるテクノロジー

2章では、DX（デジタルトランスフォーメーション）に活用される主なデジタルテクノロジーの基本的な考え方を説明します。

DXは「デジタル」という言葉が冠されているように、デジタルテクノロジーを活用したビジネス変革への取り組みです。DXを支えるテクノロジーの機能や考え方をよく理解し、「このテクノロジーを使えば、あんなことができるのではないか」あるいは「これを実現するためには、あのテクノロジーが使えるのではないか」「ほかに有効なテクノロジーはないのか」などを考えられるようになりましょう。

7　CPS とデジタルツイン

　CPS は「Cyber Physical System（サイバーフィジカルシステム）」の略です。ネットワーク上の仮想世界（サイバー空間）と現実世界（フィジカル＝物理的な空間）の融合を図り、相互が影響し合う中から新たな知見の獲得を目指す考え方です。DX の根幹をなす考え方でもあります。

図表 2-1 CPS の基本概念

リアルな世界

実際の行動

3D プリンター / ロボット /AR

センサー / テキスト / 画像

AI（MI）/VR

サイバーな世界

AI：人工知能　MI：マテリアルズ・インフォマティクス　AR：拡張現実　VR：仮想現実

　ネット社会の広がりによって、私たちの行動やさまざまなモノの動きなどを表すデータの取得が容易になりました。

　例えばスマートフォンでは、いつ、誰が（どの端末が）、どこにいて、何を検索したのか、誰と会話したのかといったことを示すデータの取得が可能です。

　個人の行動だけでなく、家庭や企業、街や社会の動きについてもデータの収集が可能になってきています。

　こうしたデータを大量に取得すれば、現実の社会で起こっていることをサイバー空間に写し取れます。このデータ群を「デジタルツイン（Digital Twin）」と呼びます。現実世界とそっくりな仮想世界が生まれることから「双子（Twin）」だというわけです。

　ネット上に現実世界を写し取ったデジタルツインが構築できれば、それを分析したりシミュレーションしたりすることで、実世界に負担を掛けることなく種々の試行錯誤が可能になります。

図表 2-2 デジタルツインは、現実世界をネット上に写し取ったデータ群

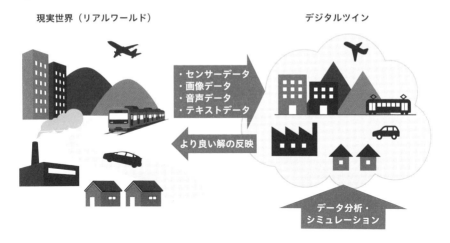

現実世界（リアルワールド）　　　　　　　　　　　デジタルツイン

・センサーデータ
・画像データ
・音声データ
・テキストデータ

より良い解の反映

データ分析・
シミュレーション

　私たちが生きる現実世界は基本、物理的なモノで構成されています。道路や住宅、交通や電力、食べ物などです。これらの実現にはお金も時間もかかれば、簡単には壊せず、長く使い続ける、つまり運用する必要があります。それだけに、これまでは作り始める前に、できるだけ十分な計画を練り確実に実行することが重視されてきました。

　これに対しデジタルツインでは、データの分析やシミュレーションを何度でも繰り返せます。実際、自動車などの開発では、3D（3次元）CAD、つまりコンピューターによる設計で作成した設計データをシミュレーションすることで、開発コストや開発期間を削減しています。作る前だけでなく、作ってからも何

図表 2-3 デジタルツインを分析／シミュレーションすることで、より最適な解を短期間に低コストで導き出せる

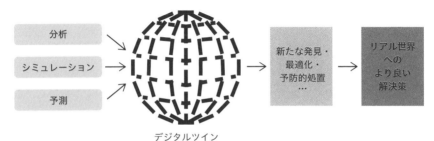

分析

シミュレーション

予測

デジタルツイン

新たな発見・
最適化・
予防的処置
…

リアル世界
への
より良い
解決策

度も繰り返し改良しながら、次の製品へとつなげています。

　この考え方を、企業や社会に適用すれば、より広い範囲の状況に即した解決策としての仕組みやサービスを短期間かつ低コストで開発・実現できると期待されています。

　現実世界の最適化を図るために登場したCPS／デジタルツインですが、今では、サイバー空間に私たちが踏み込むことが視野に入ってきました。AR（Augmented Reality：拡張現実）／VR（Virtual Reality：仮想現実）といった新しいユーザーインタフェースが登場したことで、物理世界に住む私たちが、デジタルツインの世界に入り込めるようになってきたからです。

　例えば位置情報を利用したゲーム「Pokémon Go」などでは、仮想世界でのゲームと、現実世界での移動がネットワーク上で統合されています。現実世界と仮想世界の境界は、あいまいになるばかりです。

図表 2-4　現実世界と仮想世界の境界は、あいまいになっていく

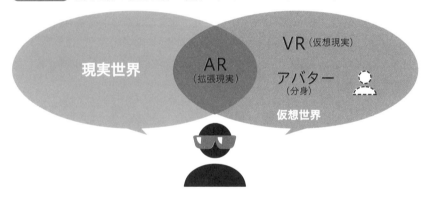

　今後は、脳波を使ってコンピューターと直接つながったり、感情や触覚などのデジタル化が進展すれば、現実世界で起こったことがデジタルツインに反映されるだけでなく、デジタルツイン内で私たちが起こした行動が、現実世界に影響を与えることも考えられます。「アバター（分身）」など仮想世界にのみ存在する人格や街が生まれるかもしれません。

　CPS／デジタルツインの実現においては、より多種多様なデータを取得し、かつそれらを一元的に扱える仕組みが必要になります。シミュレーションにおいても、例えば交通であれば、列車やバス、タクシーなど、それぞれを個別にシミュレーションするのではなく、複数の事象を同時に扱う必要があります。

ただし当然のことですが、データが存在すれば、その周辺を推測することは可能ですが、データがない世界のことは、CPS／デジタルツインでは「分からない」のです。

Lesson

8 IoT

IoT は「Internet of Things」の略で「モノのインターネット」と訳されています。さまざまなモノがネットワークにつながることで、従来は分からなかった、モノの稼働状況や利用状況などを遠隔地から把握できるようになります。

そこから、機械の故障を予測し事前にメンテナンスを施したり、利用状況に応じて使用料を課金したりといった新たなビジネスモデルが考えられ、実行されています。IoT は DX を実現するための土台をなす仕組みの 1 つです。

図表 2-5 IoT はデジタルトランスフォーメーションの土台

IoT において最も重要なのは、モノの状態や稼働状況を示すデータであり、現実世界を含めたループが成立することです。そのため IoT のシステムは一般に、(1) センサー、(2) ネットワーク、(3) IoT プラットフォーム、(4) アクチュエーター（制御装置など）から構成されています。

(1) センサー： 自然現象や物理的な動きを電気信号やデータに変換する装置。温湿度センサーや電流・電圧センサー、振動センサーなど多種多様なセンサーがあります。これらのセンサーなどを搭載したスマートフォンや自動車なども種々のデータを取得できることから一種の "センサー" だと言うこともできます。

(2) ネットワーク： 携帯電話網や Wi-Fi など無線による通信網を利用するのが一般的です。センサーの設置場所が屋外だったり、自動車など移動するものだったりするためです。高速・大容量で遠くまで届くネットワークのほ

図表 2-6 IoT の構成要素と、現実世界を含めたループ

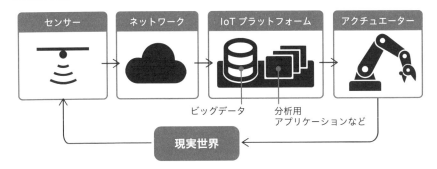

うが、より多くのデータをやり取りできますが、消費電力やコストは高くなります。省電力で利用できるように、通信容量や通信距離などを抑えたネットワークもあります。

(3) IoT プラットフォーム：モノの稼働状況などを示すデータを管理したり、そのデータを分析するためのアプリケーションを開発・実行したりするための環境です。企業が独自に構築するほか、クラウドサービスとしても提供されています。このクラウドについては Lesson10 で説明します。

(4) アクチュエーター：分析結果を実世界に反映させるための装置など。機器の設定を変更したり、配置を換えたりします。指示を受けて動作するリモコンやロボットなどもアクチュエーターだと言えます。

IoT では、センサーで取得したデータをネットワーク経由で IoT プラットフォームに送り、そのデータの分析結果を元にアクチュエーターを制御します。データの処理時間やネットワークでの通信時間などによっては、遅延が発生し、それらを高速にしようとすればコストも高くなります。自動運転車などリアルタイムな制御が必要な領域では、こうした遅延も考慮しなければなりません。

危険を伴う製造業の現場などでは、アクチュエーターが現実世界に対し自動的に働きかける前に、まず人間に通知し、安全性などを人間が判断したうえで半自動的にアクチュエートする場合もあります。

よりリアルタイムな処理を要求する分野では、センサーと IoT プラットフォームの間に別のコンピューターを置く「エッジコンピューティング」への期待が高まっています。データが発生した場所のすぐ近く、すなわちシステムのエッジ（終端）側でデータを処理することで、リアルタイム性を高めたり、IoT プラット

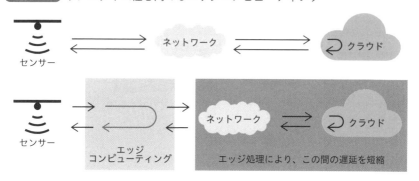

図表 2-7　リアルタイム性を高めるエッジコンピューティング

フォームに送るデータ量を間引いて通信量を抑えたりすることが可能になります。

IoT の構成要素であるセンサーやネットワーク、IoT プラットフォーム、アクチュエーターのいずれもが専門技術を要する領域です。それぞれに専門の技術者がおり、個々の技術を進歩させています。ただし、必ずしも IoT として組み合わせることを前提に開発されているとは限りません。

そのため IoT を考える際には、各領域の動向を把握したうえで、それらを 1 つのシステムとして結び付けて必要なデータを得られるように、全体を俯瞰して考える必要があります。機器がつながらない、構築／運用のコストが折り合わない、結果として必要なデータが得られないといったことが発生するからです。

図表 2-8　構成要素を俯瞰し全体を考える必要がある

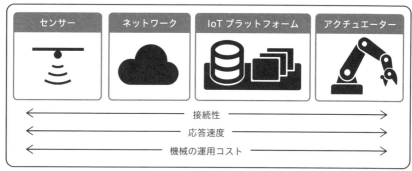

全体としての仕組みを考えることが重要

DX の文脈では、IoT と、Lesson7 で説明した「CPS／デジタルツイン」が並記されていることがあります。これらは、どう違うのでしょうか。

　IoT は 1999 年、RFID（IC タグ）の研究者だったケビン・アシュトン氏が商品管理システムをインターネットになぞらえたのが始まりだとされ、モノの管理に主眼がありました。

　一方の CPS は、実社会の動きを反映するデジタルツインを活用し全体最適を図ろうとする考え方です。

　それぞれが「モノがネットワークにつながれば何ができるか」を考える中で「データを集め分析すれば新たな発見がある」というベクトルが一致し、両者の境界はあいまいになってきました。現在では両者は、ほぼ同じ意味で使われるケースが増えています。

Lesson

9 AI

AI は「Artificial Intelligence」の略で、日本では「人工知能」と訳されています。みなさんは「AI」「人工知能」と聞くと、どんなものをイメージされますか。スマートフォンなどに搭載された音声認識・音声応答の機能や、囲碁や将棋、クイズなどの分野でプロにも勝利するコンピューター、あるいは自動運転のクルマやロボットなどでしょうか。

実は、専門的に確立した AI の定義はありません。人間のように考えられるコンピューター、人間の知的作業を代替できるシステム、人と同じように振る舞えるソフトウェアやシステムなど、さまざまな定義があります。

ただ共通しているのは、「人の経験や勘に基づく考え方や行動などを学習し、(1) 既存業務の効率化、(2) 製品／サービスの付加価値向上、(3) 新しいビジネスモデル／産業の創造に寄与する」という考え方や期待です。

図表 2-9 AI は人の経験や勘に基づく考え方や行動などを学習し、既存業務の効率化や新しいビジネスモデル / 産業の創造などに寄与する技術の総称

現在、多くの製品やサービスにおいて「AI 技術を活用して実現している」と表現されています。単純なものは、動作やルール（人の知識に相当）を予め設定することで実現されています。2010 年代以降は「機械学習（マシンラーニング）」や「ディープラーニング（深層学習）」の研究・開発が進み、実用化が広がっています。

機械学習は、データからルールやパターンを抽出し、物体の識別や予測を目的に作られたアルゴリズム（Lesson14 参照）です。写真を読み込んで、それが「ネコ」であると結果を返せるのは、これまでに学習したネコの写真との共通点の有無から、一定の確度以上のものをネコとしているのです。

機械学習において、より高い精度を得るためには、より現実に即したルールを、人間がデータから抽出する必要があります。これに対して、ディープラーニングでは、人間の神経網を真似ることで、ルールやパターンの抽出を自動的に実行できます。

図表 2-10　「機械学習」や「ディープラーニング」の研究・開発が進み、実用化が広がっている

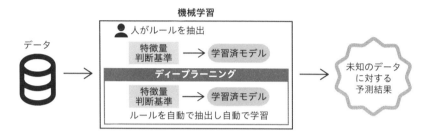

　ディープラーニングにおいて近年、特に進歩しているのが画像認識の技術です。ドローンや防犯カメラで撮影した画像を認識することで、地上の 3D（3 次元）データを作成したり、不審者を追跡したりすることが可能になってきました。カメラ自体はカメラの機能しか提供しませんが、画像認識技術を組み合わせることで、カメラは一種のセンサーとして利用できます。

　顔認証による出国審査やクルマの自動運転、あるいは決済レジのない小売店舗などが実現されているのも、画像認識技術によるところが少なくありません。

図表 2-11　画像認識技術を組み合わせればカメラやドローンなどがセンサーになる

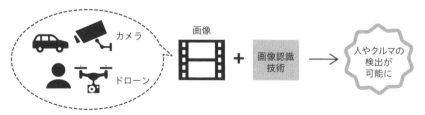

　さらなる進化が期待される AI ですが、人間の脳と同じように働く万能な AI を「強い AI」あるいは「汎用 AI」と呼びます。これに対し、特定用途のための AI は「弱い AI」や「専門 AI」と呼びます。2020 年時点で、AI 技術の応用として使われ

ているのは弱い AI です。強い AI は、まだまだ研究段階にあります。

　その一環として最近は、ディープラーニングを英語や日本語などの言語処理に適用することも大きな注目を集めています。

図表 2-12　人間とは異なる手法を採りながらも人間のように振る舞える「強い AI」あるいは「汎用 AI」は、まだ研究段階にある

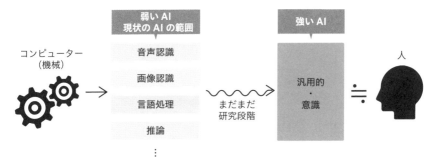

Lesson

10 クラウド

　クラウドとは、クラウドコンピューティングを略した呼び方で、コンピューターの処理・利用形態の1つです。

　コンピューターや記憶装置（ストレージ）などのハードウェアと、データベースなどのソフトウェア、さらには会計処理や顧客管理など、さまざまな業務・業種の処理に特化したソフトウェアであるアプリケーションソフトウェアなどをサービス事業者が提供することで、利用者は、それらの機能（サービス）だけをネットワークを介して、必要なときに必要なだけ、オンデマンドで利用します。

図表 2-13 クラウドはコンピューターの機能をネットワーク経由で利用する仕組み

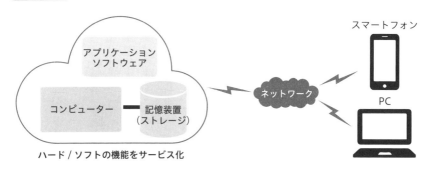

　業務・業種の処理に必要なアプリケーションソフトウェアを実行するには、CPU（中央演算装置）や計算結果を記憶するメモリーやストレージといったハードウェアと、それらハードウェアを束ねる基本ソフトウェア（OS：オペレーティングシステム）といったソフトウェアで構成されるコンピューターシステムが必要です。

　企業は長年、自社で大型のコンピューターシステムを構築・運用し、会計や人事といった社内業務や、店舗システムや受発注システムなど顧客向け業務を処理してきました。

　これに対しクラウドでは、アプリケーションソフトウェアの実行に必要なコンピューターシステムを利用者が"所有"することなく、必要な機能をサービ

スの形で"利用"できます。スマホのアプリケーションソフトウェアを使えば、商品購入やメッセージのやり取りなど、さまざまなことができますが、これも、スマホがネットワーク経由でクラウドにつながり、そのサービスを使っているからです。

　当然、クラウドでも、コンピューターシステムそのものが消えてしまったわけではありません。クラウドを提供する事業者が、大量のコンピューターをデータセンターに並べ、そこで各種ソフトウェアを運用しています。利用者それぞれが所有・運用するよりも利用効率が高まり、最新のテクノロジーやアプリケーションソフトウェアなどを利用できるようになります。利用料金も「使った分だけ」という従量制が一般的です。こうした考えが広まり始めたのは 2000 年以降です。

図表 2-14 利用者それぞれが所有・運用するよりも利用効率が高まるため、最新技術を容易に利用できる

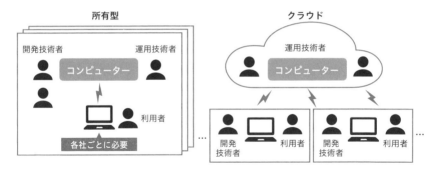

　クラウドには、提供するサービス内容に応じて、(1) IaaS（イアース：Infrastructure as a Service）、(2) PaaS（パース：Platform as a Service）、(3) SaaS（サース：Software as a Service）などに大別されます。

(1) IaaS：コンピューターやストレージなどのハードウェアを中心とした Infrastructure 環境を提供するサービスです

(2) PaaS：IaaS に基本ソフトウェアや各種ソフトウェアを含め、業務・業種の処理に必要なアプリケーションソフトウェアを開発したり実行したりするための機能群を提供するサービスです。機能の集まりを Platform（基盤）と呼んでいます

（3）SaaS：PaaS に加えて業務・業種の処理に必要なプログラムまでを運用し、
それらアプリケーションソフトウェアが実現している機能を提供します。
LINE や Facebook なども SaaS の一種です

図表 2-15 クラウドのサービス内容による分類

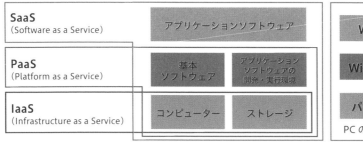

またクラウドは大きくパブリッククラウドとプライベートクラウドに分けられます。パブリッククラウドはクラウド事業者が提供する標準的なサービスを不特定多数の企業に提供する形態です。

代表例には、米 Amazon.com の「AWS（Amazon Web Services）」や米マイクロソフトの「Microsoft Azure」、米 Google の「Google Cloud Platform」などがあります。

これに対しプライベートクラウドは、利用企業専用のクラウド環境です。標準的なサービスでは、独自の機能や高いセキュリティを実現できない際に、自社専用に構築します。あるいはパブリッククラウドの一部を仮想的に占有して実現します。

図表 2-16 クラウドには大きくパブリックとプライベートがある

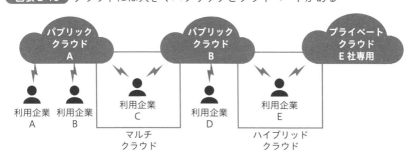

　パブリッククラウドとプライベートクラウドのそれぞれに長所・短所があるため、両者を組み合わせて利用する「ハイブリッドクラウド」という使い方もあります。複数のパブリッククラウドを組み合わせて利用するケースは「マルチクラウド」と呼んでハイブリッドクラウドと区別することもあります。

　クラウドコンピューティングに、よく似た言葉に「クラウドソーシング」や「クラウドファウンディング」があります。不特定多数（群衆）が持つノウハウやアイデア、資金などを調達する仕組みです。英語の発音は "L" と "R" で異なりますが、日本語では「クラウド」と書き、読み（発音）も同じなので両者の違いには注意が必要です。

Lesson

11 5G

5Gは「5th Generation」の略です。2020年時点の携帯電話通信の主流は第4世代（4G）の通信技術である「LTE（Long Term Evolution）」です。それに続く、最新の移動体のための通信技術が5Gです。

ちなみに第1世代（1G）はアナログ通信で、第2世代（2G）からデジタル化が始まりました。第3世代（3G）で国際統一規格が採用され、世界各地で共通に利用できるようになりました。LTEは3Gと4Gを橋渡しする通信規格として誕生しましたが、現在はLTEを使った通信を4Gと呼んでいます。

4Gが5Gになって最も変わるのは、その通信速度と通信容量です。通信速度は4Gの100倍に相当する最大20ギガビット／秒以上に高速化されます。2時間の映画2.5本分を1秒で送れる計算です。1平方キロメートル当たりの同時接続数も、従来の10万台から100万台規模にまで増えます。

併せて、無線通信による遅延時間を1ミリ秒以下に抑えるほか、通信コストや電力消費量も減らし、より広範囲で無線通信を利用できるようにするのが目標です。

図表 2-17 5Gは、高速、大容量、低遅延などの特徴がある

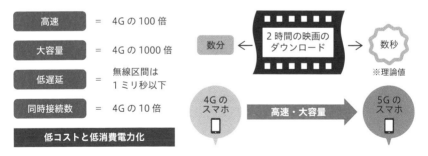

これまでの携帯電話網は人が利用する電話を想定してきました。5Gは、そうした通信技術の延長線上ではなく、Lesson8で説明したIoT（モノのインターネット）が求めるモノの接続を加味した通信技術として、新しいビジネスの可能性を一気に広げると期待されています。

図表 2-18 5G は IoT に代表されるモノの通信を加味した通信技術 である

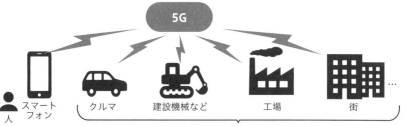

機械や設備がつながる

5G のような高速・大容量の無線通信が可能になれば、どんなことが実現できるでしょうか。まず考えられているのが、より大量のデータを高速に送る必要がある動画などをやり取りする用途です。4K や 8K といった高精細な画像を、複数同時に送れるようになります。

医療分野では、4K／8K 画像を使った遠隔手術などへの応用が期待されていますし、AR（拡張現実）や VR（仮想現実）など画像を使用する新しいユーザーインタフェースも、より現実感が高いものになっていくでしょう。

2019 年秋のラグビーワールドカップでは、5G を使った映像配信の実証実験が実施されました。複数台のカメラで撮った映像を観客 1 人ひとりが自由に切り替えながら、リアルタイムあるいは見逃した場面を再生しながら観戦できる仕組みです。スタジアムなどでの観戦スタイルは大きく変わるかもしれません。

図表 2-19 5G は遠隔手術など、動画を利用する用途での活用が期待されている

手術室

4K/8K の高精細動画

5G

リアルタイムでの遠隔操作

遠隔の病院

医者

ロボット操作

通信の遅延時間の短縮は、よりリアルタイム性が高いアプリケーションの実行を可能にします。リアルタイム性が期待されている分野の 1 つが、クルマの自動運転や機械類の遠隔制御です。出会い頭の衝突などを回避するためには、危険を検知したらすぐに反応できなければならないからです。高精細画像と組

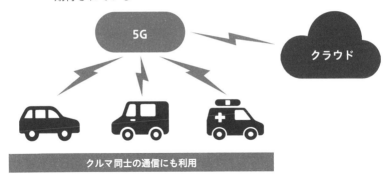

図表 2-20 クルマの自動運転などリアルタイム性が必要な用途にも 5G の利用が期待されている

み合わせた遠隔医療においても、リアルタイム性は重要です。

　5G の商用サービスは米国や韓国などに続き、日本でも始まりました。NTT ドコモ、KDDI（au）、ソフトバンク、楽天の 4 社に 5G の通信事業免許が交付されています。ただ国際的な標準化は決定が遅れていることもあり、完全な 5G ネットワークは 2022 年ごろに完成すると見られています。

　誰もが利用できる商用サービスが広がる前に、企業などが特定のエリアにおいて自前の 5G 環境を構築する「ローカル 5G」が先行するとも言われています。高速・大容量の通信機能を生かし、例えば工場における IoT において多数のセンサーの接続などに利用します。

　センサーを有線（ケーブル）で接続しようとすると、ケーブルの配置にも工夫が必要ですし、生産ラインを変更するたびにケーブルも敷設し直さなければなりません。5G ならこうした手間がなくなり柔軟に運用できます。自社工場での活用を検証し始めた企業もあります。

12 セキュリティ

　セキュリティとは本来、国や地域、組織や人、および、それらの資産を守ることです。コンピューターの世界では、コンピューターセキュリティや情報セキュリティ、あるいはサイバーセキュリティなどと呼びます。厳密には、それぞれ守る対象が異なりますが、コンピューターの技術進化や、それに伴う使われ方の進展などにより、いずれも同様のイメージで使われています。

　コンピューターのセキュリティで最も重要なのは、コンピューターが管理しているデータあるいは情報を守ることです。個人情報もあれば、取引情報、契約情報、信用情報など、さまざまな情報がコンピューターで管理されています。そして、それらの情報が正しいことを前提に世の中の仕組みは動いています。SF 映画などでは、そんな情報が意図的に改ざんされ、主人公が本来の自分を取り戻すために戦うといったシナリオも少なくありません。

図表 2-21 コンピューターのセキュリティで最も重要なのは、コンピューターが管理しているデータあるいは情報を守ること

国や地域　　　　　組織や人　　　　　データ / 情報

　情報セキュリティの国際規格 27000 シリーズは、情報の「機密性」「完全性」「可用性」を維持する必要があると説明しています。

機密性：情報にアクセスできる人しかアクセスできないようにすること
完全性：情報が破壊されたり改ざんされたり、あるいは消去されたりしないようにすること
可用性：必要なときには確実に情報にアクセスできるようにすること

　時折大きなニュースになる個人情報の漏えいは、機密性が確保できていなかっ

図表 2-22 情報の「機密性」「完全性」「可用性」を維持することが情報セキュリティでは非常に重要

機密性

完全性　情報セキュリティの定義「ISO/IEC27002」　可用性

た結果です。上述した SF 映画の例は完全性が担保されていない状況です。可用性が崩れると、本人確認ができないなどで、お金を引き出したりメールを読んだりすることができなくなります。

　多くの情報は一般に中央集権型でセキュリティが確保されています。この場合、中央の管理システムにリスクも負荷も集中することになります。これを分散型にし関係者全員で相互に守るための仕組みも登場しています。

　その 1 つが、仮想通貨（暗号通貨）の流通プラットフォームに利用されている「ブロックチェーン（Blockchain）」です。1 つの情報をブロックに記録し、そのブロックを関連付けながら鎖（チェーン）のようにつなげていくことからブロックチェーンと呼ばれています。

　IoT（モノのインターネット）の時代を迎え、情報だけでなく、システムそのものも守らなければならなくなりました。電力供給システムや各種プラントの運用システムなどが攻撃され機能しなくなれば、電力が届かなくなったり、プラントが破壊されたりと社会インフラそのものが機能停止してしまうからです。

図表 2-23 社会活動に直結するシステムは「重要インフラ」として、より高度なセキュリティが求められている

放送・通話　　金融　　政府・行政　　医療　　物流

重要インフラ

航空・空路

電力　　ガス　　水道　　プラント　　鉄道

図表 2-24 悪意を持った攻撃の発端は、利用者の人的ミスを誘う攻撃であることが少なくない

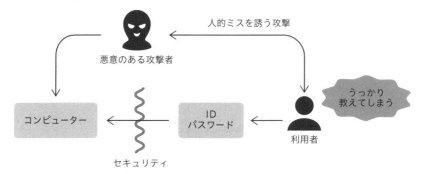

自動運転車や IoT 家電が攻撃されれば、交通事故を起こしたり、室温を異常に高めたり低めたりして体調不良を引き起こすことが可能になります。社会活動に直結するシステムは「重要インフラ」として、より高度なセキュリティが求められています。

各種の攻撃が企まれる背景には、金銭目的や、政治的・宗教的な主義の主張を目的とした組織の活動があります。攻撃者が自身の評判を高めるために攻撃するケースもあります。個人情報を盗み出せば銀行口座から現金を引き出せますし、重要インフラを"人質"に身代金を要求することもできます。国家によるサイバー攻撃も始まっています。

悪意を持った攻撃は、コンピューターウイルスなどによって実行されますが、その発端は、利用者が偽の問い合わせに安易に答えてしまったり偽メールのファイルを開いてしまったりと人的ミスを誘う攻撃であることが少なくありません。みなさんもそうした攻撃には十分に注意しましょう。

Lesson

13 アーキテクチャー

　会社や社会の構造や仕組みは「アーキテクチャー」とも呼ばれます。みなさんに馴染みのあるアーキテクチャーは建設分野のアーキテクチャーでしょうか。建築家はアーキテクトです。特定の目的を持った建築物は、アーキテクチャーがなければ、構造的も外観的も成り立ちません。アーキテクチャーがあって初めて、みなさんが実際に利用できる建築物ができあがるのです。

　デジタルの世界（コンピューターやソフトウェア）もアーキテクチャーで成り立っています。みなさんが普段使っている PC やスマートフォンなども、アーキテクチャーがあるからこそ、複数のメーカーがハードウェアを開発・販売したり、種々のアプリケーションをさまざまに組み合わせて利用したりすることが可能になっています。

　コンピューターやソフトウェアの世界でも、こうした仕組みを考える技術者を「アーキテクト」と呼びます。

図表 2-25　建築物にアーキテクチャーがあるようにコンピューターやソフトウェアにもアーキテクチャーがある

　会社や社会の仕組みは必ずしもデジタル技術で成り立っているわけではありません。しかし、もはや「使わない」という選択肢がないほどにデジタル技術は普及・浸透しました。そして先に説明したように、リアルな世界と、デジタル技術のみのサイバーな世界とが一体になろうとしています。

　そのデジタル技術は変化が速く、次々と新しいキーワードが登場し、全く新しい技術が次々と登場している印象をも与えています。ただよく見ると、異な

るデジタル技術同士でも、その背景にある考え方、すなわちアーキテクチャーは、共通あるいは、いずれかの発展系であることが少なくありません。

　例えば、センサーデータを用いた異常検知の事例は、世の中に沢山ありますが、その裏には、時々刻々とセンサーデータを流すネットワークと、それを蓄積するデータベース、流れてくるセンサーデータから異常を検知するデータ処理（人工知能）、検知した異常をシステムや作業者に伝える画面や音などのインタフェースといった共通的な要素があるわけです。

　アーキテクチャーを意識することで、特定の製品／サービスや活用事例を自社に取り込む際の課題と、その解決に向けたロジックなど、より本質的な理解が可能になります。また、土台となる設計が明確であることから、変化に対応した修正も容易になります。その意味では、最新の製品／サービスを追い続けるだけでなく、それを形成している背景にまでさかのぼり基本を抑えることも重要です。

図表 2-26 アーキテクチャーを意識することが、物事の本質的な理解につながる

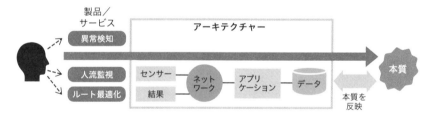

　アーキテクチャーを介して物事の本質を理解することを心がければ、「難しい」「取っつきにくい」「英語ばかりで意味が分からない」といったイメージの強いデジタル技術も身近な存在に感じられるようになるはずです。そうして初めて、デジタル技術を前提にした DX が " 自分ごと " として進められるのです。

Lesson

14

ソフトウェアと
アルゴリズム

　ソフトウェアとは、コンピューター分野では、システムなどの仕組みを動作させるのに必要なプログラムおよび、それに関連する文書などの総称です。物理的な機械を指すハードウェアの対比語として登場しました。

　近年、Lesson10で説明したクラウドの普及などにより、ハードウェアそのものの価値が低下し、ビジネスや社会を駆動する仕組み作りに直結するソフトウェアの重要性が相対的に高まっています。

図表 2-27　ビジネスや社会を駆動する仕組み作りにおけるソフトウェアの重要性が高まっている

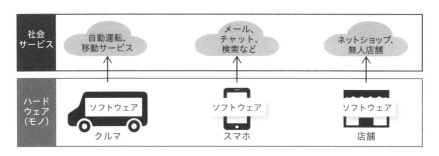

　ハード（硬いモノ）に対するソフト（柔らかいモノ）という意味合いから、コンピューター分野以外でもソフトウェアと呼ぶ対象は少なくありません。レコードやDVD（物理的な媒体）に対する映画などのコンテンツ（情報の中身）や、組織や設備を機能させるための規則や教育内容などもソフトウェアと呼ばれます。

　コンピューター分野のソフトウェアは大きく、基本ソフトウェア（OS：オペレーティングシステム）とアプリケーションソフトウェア（業務・業種の処理に必要なプログラムなど）に分けられます。基本ソフトウェアの上位に位置し、データベースなど汎用的な機能を提供するソフトウェアを「ミドルウェア」と呼ぶこともあります。

　みなさんが使っているPCの「Windows」や「Mac OS」、スマートフォンの「iOS」や「Android」などが基本ソフトウェアです。ハードウェアを管理し、それらをアプリケーションソフトウェアが利用できるようにしています。

　基本ソフトウェアがあることで、メーカーが異なる PC やスマホなどでも同じアプリケーションソフトウェアを利用できるのです。「Word」や「Excel」、「LINE」や「Facebook」などが、利用者の PC ／スマホを問わないのは、このためです。

　基本ソフトウェア、ミドルウェア、アプリケーションソフトウェアといった階層構造を採ることで、コンピューターはより容易に利用できるように発展してきました。そこに「仮想化」という技術が登場し、1 台のハードウェア上に、あたかも複数台のハードウェアが存在するかのように利用できるようになりました。

図表 2-28　基本ソフトウェア、ミドルウェア、アプリケーションソフトウェアといった階層構造によりコンピューターはより容易に利用できる

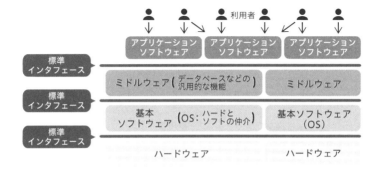

　限られたハードウェア資源や動作環境を仮想化することで、より多くのアプリケーションソフトウェアを同時に実行できます。これらの仕組みを最大限利用し、コンピューター資源をサービスとして提供しているのがクラウドです。

　クラウドによってハードウェアの進化・変化が隠ぺいされることで、利用者は、どんなアプリケーションソフトウェアを開発し、どんな機能・サービスを実現するかに集中できるようになってきています。

　クラウドが進展し、こうしたソフトウェアの階層構造も見えなくなる中では、全体の機能・性能を高めるために、各ソフトウェアをサービス提供者が自社用に最適化あるいは独自に開発する“垂直統合”の動きも出てきています。

　Apple は、その代表例です。iPhone ／ iPad に続き、PC の Mac においても、ハードウェアを含めてすべてを自社で設計・開発しています。もっともコンピューターの歴史は 1 社でハードウェアとソフトウェアを一体で開発するところから始まっています。

もう1つ、ソフトウェアの分野に「組み込みソフトウェア」があります。種々の製品に組み込まれており、利用者からその存在が見えないソフトウェアです。冷蔵庫やエアコンといった家電製品や、自動車や飛行機などなど、電子化が進む多くの機器に組み込まれ、数々の機能を実現しています。

組み込みソフトウェアはこれまで、その製品専用に設計され、ハードウェアと併せて開発されていました。それが近年は階層化の考えなどが取り入れられ、より汎用的なハードウェアを使いながら、機能が異なる製品を開発する方向に進んでいます。汎用的なハードウェアを使うほうが調達コストや運用コストを安価にできるからです。

例えば、ガラケーは専用の操作キーが多数並んでいましたが、スマホでは画面上に操作キーをソフトウェアで表示することで同等の機能を実現しています。この方法であれば、同じハードウェアでも、アプリケーションソフトウェアを切り替えたりアップデートしたりすることで、提供できる機能を変えられます。つまり、どんなアプリケーションソフトウェアを開発するかが、競争力の源泉になってきたわけです。

図表 2-29 機器に組み込むソフトウェアも切り替えたりアップデートによりハードウェアの機能を変えられる

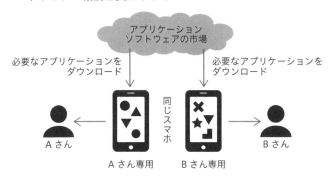

こうした考え方をクラウドや CPS に当てはめればどうでしょう。新たなビジネスモデルや社会サービスを実現するためには、課題解決のための機能を提供できるアプリケーションソフトウェアを安価に、かつ短期間に開発できるかが問われることになります。これからの企業や社会は、アプリケーションソフトウェアの開発力すなわちプログラミング能力が支えるとも言えるのです。

このソフトウェア開発において重要になるのがアルゴリズムです。アルゴリ

ズムとは、問題を解くための手順を示したものです。私たちの日常や会社の業務においても、ほとんどはアルゴリズムに沿って行動しているとも言えます。コンピューターにあっては、このアルゴリズムをあるプログラミング言語で実装したものがソフトウェアになります。

　つまり、DX を実現・推進していくためには、それに必要な機能／サービスを実現するソフトウェアが必要になりますが、そのソフトウェアが十分に役割を果たすためには、正しいアルゴリズムが考えられていることが前提になります。そのためには、課題を正しく認識し、その課題の解決に適切な手段を、データおよびアルゴリズムの特徴を踏まえて、選択することが重要です。

図表 2-30 DX を実現・推進していくためには、解決のためのアルゴリズムを考えることが重要になる

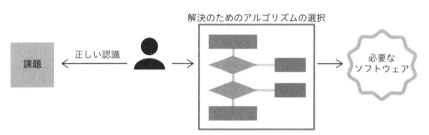

　アルゴリズムの記述方法の代表例が、フローチャートやプログラミング言語です。フローチャートは、分岐条件により、条件 A なら行動を起こす、条件 B なら行動を起こす、といった形で手順を図式化する方法です。それを、コンピューターが理解できる形に記述するための手段が、プログラミング言語です。

　フローチャートの記述方法からも分かるように、アルゴリズムで重要なのは、分岐条件になるような事象やパターンの抽出です。全体を見ながら、何が手順を決めているのかを見極めなければなりません。

　さらに同じ問題に対しても、その解決手順としてのアルゴリズムは複数考えられます。結果、アルゴリズムの違いによって、必要な時間やコストなどが変わってきます。例えば東京から大阪に移動するのにも複数のコースがあり、それぞれに移動時間や費用、見える景色などが違います。ただそれも目的によって、最適なコースが違ってきます。

　アルゴリズムを考える際には、どこまで広範囲にとらえ、どれだけ抽象化しパターンを抽出できるかが重要だと言えます。ソフトウェアが社会の仕組みを

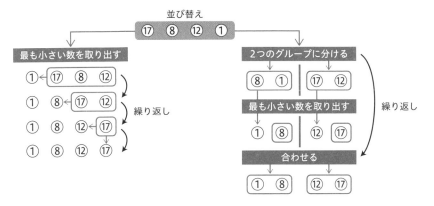

図表 2-31 同じ問題に対してもアルゴリズムは複数考えられる。対象をより広範囲に正しくとらえ、最適なアルゴリズムを導き出すことが求められている。この例では、右側のアルゴリズムのほうが速い

コントロールし、ビジネス面での差別化要因になる時代にあっては、アルゴリズムの重要性は高まる一方です。そして、それは、単にコンピューターのプログラミングにとどまらず、日常業務や生活にも当てはまるのです。

データ分析の基礎

3章では、DX（デジタルトランスフォーメーション）に
おいて、次の行動につながる「洞察（インサイト）」を
得るためのデータ分析について説明します。洞察とは、
物事の本質を見抜くことです。

DX を進めるための重要な取り組みの 1 つがデータ分析
であり、その対象となるデータへの理解が不可欠です。
本章では「なぜデータ分析が重要なのか」「データ分析
で、どのようなことが分かるか」といった基礎を知り、
データと、その分析をより身近に感じられるようにな
りましょう。

なぜデータ分析が重要なのか

データ分析（Data Analysis）とは、「ある目的を満たすために価値のある情報を発見するための取り組み」です。データの中から"価値のある情報"を発見するためには、"価値"があるかどうかを判断するための物差しとなる「目的」がなければなりません。

つまり、「何のために分析をするのか」が、とても大事だということです。目的がなければ、どんなデータが必要なのか、どのように分析すればよいのかすら決められないのです。

データ分析自体は何も珍しいことではありません。今日の社会は多種多様なデータ分析の結果に基づき計画・実現されています。みなさんもこれまでに、難易度の差はあれ、何らかのデータを分析した経験があるでしょう。

そのデータ分析がなぜ、ビジネスの世界で重要視されているかを改めて整理してみましょう。

理由の1つは、ビジネスが拡大し、グローバル化や複雑化が進んでいる中で、企業は競争上の優位性を持ち続ける必要があることです。大企業の経営論やグローバル企業のマネジメント論など、種々の理論が存在するものの、デジタルが組み合わさった現代の経営においては、過去に経験のない事象が多発しています。そうした領域に対応するには、現状の観察に基づく自らの判断が重要になってきます。

図表 3-1 グローバル化、複雑化する世界では"経験と勘"や理論だけでは限界がある

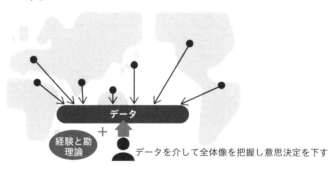

データ
経験と勘
理論
＋
データを介して全体像を把握し意思決定を下す

例えば個人店舗のように、1つのお店だけ、1つの地域だけで展開しているのであれば、データに、それほどこだわらずとも"経験と勘"だけでも上手く運営できるでしょう。ただ、お店の数が増え、地域が広がり、海外にも進出するとなれば、それだけでは不十分です。

　店舗をチェーン展開する場合、「1人の経営者が切り盛りできるのは10店舗が限界」とも言われています。経験と勘や理論に基づくだけでは、意思決定すべき人物が事業の全体像をとらえ切れなくなるからです。

　このとき、全体像を把握するために必要になるのが実態を示すデータであり、それを分析することで規模の限界を超えるのです。これは複数の部門を持つ企業においても成り立ちます。

　しかも最近は高齢化が進み、経験と勘を持つ人材の退職が進んでいます。熟練者の知見やノウハウを継承するためにも、彼らの行動データを分析し、「どんなときに、どう行動すればよいのか」を蓄積する必要性が高まっています。

　2つ目の理由は、データの収集や蓄積、分析が、より容易になってきていることです。それを可能にしているのが2章で説明したデジタルテクノロジーです。具体的には、IoT（モノのインターネット）やクラウドコンピューティング、モバイル、AI（人工知能）などです。

　デジタルテクノロジーが広がることで、個人や商品の単位で、その動きを示すデータの取得が可能になろうとしています。例えばスマートフォンからは、その利用者が、いつ、どこにいたのかというデータが得られます。IoTならクルマや製造機械などが、いつ、どのように動いているのかのデータが取得できます。

図表 3-2 デジタルテクノロジーがデータの収集・蓄積・分析を、より容易にしている

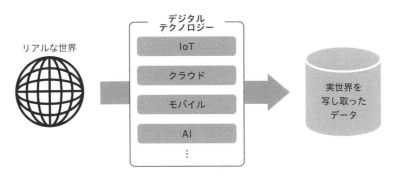

図表3-3 「CPS（Cyber Physical System）」では、データを最大限に活用する

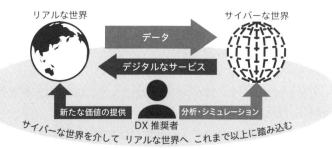

　データが従来に比べ、より容易に、より安価に取得・蓄積し、分析できるようになってきたのであれば、それらを最大限に活用しない理由はありません。DXを実現するためのコンセプトの1つとしてLesson7で説明した「CPS（Cyber Physical System）」はまさに、この考え方を採り入れています。

　経営にデータを活用する考え方は、デジタルテクノロジーが普及する以前からありました。小売業におけるPOS（Point of Sales：販売時点情報管理）データの分析による売れ筋の見極めや、製造業における受発注データなどに基づく生産計画の立案などです。

　さらに、これら業務別のシステムを統合し、生産から販売、サポートまで企業活動に伴うデータを一元管理し全体の最適化を図ろうとする「ERP（Enterprise Resource Planning）」という考え方もあります。企業の資産である“ヒト・モノ・カネ”に関するすべてをデータとして把握・分析することで、企業活動全般の最適化を図ろうというものです。

　この考え方に沿った業務システムがERPパッケージで、日本ではERPを「統合基幹業務システム」と訳しています。全世界で多数導入されていますが、日本では、会計業務のみ、販売管理業務のみなど部分的な導入例が少なくありません。かつ、それら特定業務が滞りなく進むことに重点が置かれ、データ活用による全社最適化のために利用されているとは言えません。例えば、ある部品1個を生産するのにかかるコストや人件費、CO2の排出量なども把握できるにもかかわらずです。

　ERPが本来目指してきたのは、生産から販売、会計、人事などを統合し、経営資産である“ヒト・モノ・カネ”のデータを一元的に管理することで、コンピューター上に、その企業の経済活動を再現し、そのデータから最適解を導き

図表 3-4 「ERP（Enterprise Resource Planning）」は、ヒト・モノ・カネの経営資源をデータとしてとらえ、その価値を最大化し、企業活動全般の最適化を図る考え方

出すことです。これはつまり、活動している企業体のデジタルツインを構築する取り組みだったとも言えます。

すべての経営資源を一元管理しようとする ERP に、IoT などセンサーを組み合わせれば"ヒト・モノ・カネ"のデータは、より詳細に、より大量に取得できるようになります。企業の活動は、これまで以上に種々の視点からデータとしてとらえ、その最適化が図れるようになってきたのです。

企業活動などを示すデータを集め活動するという CPS やデジタルツインという考え方が確立したことで、データの収集・蓄積・分析のためのテクノロジーや関連ツールの適応範囲は、従来の生産や販売に加え、研究開発やサポートの領域にも広がっています。より大量で多様なデータを、さまざまな立場の人が、それぞれの目的に合った形で分析ができる環境が整備されてきました。

さらに、マーケット全体の動きを知るために各社のデータを共有したり、自社のデータを公開するなど、企業の垣根を超えてデータをやり取りする動きも出てきています。

こうしたデータに基づいて経営判断を下す経営形態を「データドリブン（データ駆動型）経営」と呼びます。そこでは「データは新しい原油（data is the new oil）」つまり"ビジネスを動かすための燃料"だと言われています。

「oil」を、あえて「原油」としているのは、データがどれだけ豊富にあっても、それだけでは経営判断に生かせないからです。冒頭でデータ分析を「ある目的を満たすために価値のある情報を発見するための取り組み」と定義したように、データは分析によって初めて価値を生み出します。原油を精製しなければ石油（ガソリンやナフサ）などを得られないのと同じです。

図表 3-5 「データドリブン（データ駆動型）経営」では「データは新しい原油（data is the new oil）」である

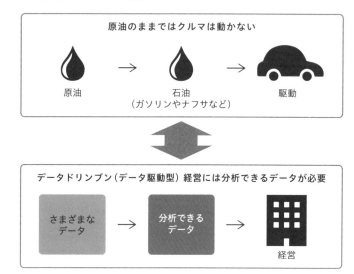

（図中テキスト）

原油のままではクルマは動かない

原油 → 石油（ガソリンやナフサなど） → 駆動

データドリンブン（データ駆動型）経営には分析できるデータが必要

さまざまなデータ → 分析できるデータ → 経営

Chapter 03　データ分析の基礎

Lesson 16 データの種類を理解する

　Lesson15 で、データは、データドリブン（データ駆動型）経営のための"新しい原油"だと紹介しました。

　データドリブン経営の前提は膨大なデータがあることです。いくらデータが重要だと言っても、分析対象となるデータがなければ、その分析ができません。原油に相当するデータには、どのようなものがあり、どんな特性を持っているのでしょうか。

　膨大で簡単には処理できないデータを「ビッグデータ」と呼びます。Lesson15 で説明したように、データの取得・蓄積が容易になったことで、これまでとは桁違いの勢いでデータが増えているからです。このビッグデータを評価する軸には、3 つの "V" があります。「Volume（量）」「Variety（多様性）」「Velocity（速度／鮮度）」です。

図表 3-6 ビッグデータの評価軸となる 3 つの "V"

ビッグデータ

| Volume（量） | Variety（多様性） | Velocity（速度 / 鮮度） |

Volume（量）： どれくらいの量があれば"ビッグ"なのかといった明確な定義はありません。ですが、一企業が扱うデータ量が、数テラ（2 の 40 乗）バイトや数ペタ（2 の 50 乗）バイトというケースも珍しくなくなってきています。数十テラバイトは、文字だけで 40 ページある新聞の 1000 万部以上に相当します。このような状況において、データに基づくビジネスの優位性を発揮させるためには、保有するデータの量が 1 つの重要な指標になるのです。

　データ量は、IoT（モノのインターネット）などにより各種センサーが取得する数値や動画といったマルチメディアデータなどが加わるほか、データ分析がしやすいように加工したコピーなども蓄積されるため、どんどん増える傾向にあります。

文字データに比べると、画像や動画のデータサイズは大きくなります。文字データは基本的には人間が作成しますが、画像や動画データは機械的に作成されることも多いだけに、データ量が増える原因にもなっています。

Variety（多様性）：データが多種多様なことです。ビジネスや社会のデジタル化が進むことで、さまざまなデータが生成され蓄積されています。センサーから取得する数値、報告書に用いられる文字、会議を録音した音声、あるいはビデオカメラで撮影した画像や動画なども分析対象データです。

　製造現場においては、センサーにて取得した数値と、過去の作業記録である文字を組み合わせることで、検知した異常の対処方法を過去にさかのぼって検索し、今まで以上のスピードで解決に当たることも可能となります。このように、多種多様なデータを持つことで、単一のデータでは発揮できない効果を得ることができるのです。

Velocity（速度／鮮度）：データの更新や追加の頻度が高いことです。更新／追加頻度が高ければ、そのデータの取得や蓄積、分析などの扱い方が難しくなりますが、そのことを"ビッグ"だともしています。

　ビッグデータの3つの"V"のうちの「Variety（多様性）」について、別の視点から、その多様性を見てみましょう。
　先にデータには、文字や音声、画像や動画などがあると説明しました。これはデータの内容による分類です。データ分析においては、データの形式が重要になってきます。
　データの形式は、「構造化データ」と「非構造化データ」に分けられます。

構造化データ：行と列など、一定の規則（構造）を持つデータです。みなさんが使っている Excel などの表計算ソフトでは、表（スプレッドシード）の行や列に「住所」や「氏名」といった項目を設定してデータを入力していると思います。これは構造化データの身近な一例です。

図表 3-7 データ形式には「構造化データ」と「非構造化データ」がある

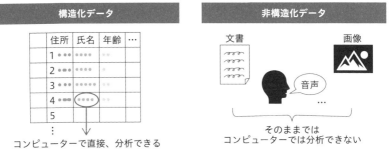

データに構造があることの利点は、集計などの操作が容易になることです。例えば「東京都千代田区」は、私たち人間の多くは「住所」あるいは「都道府県名と市区町村名」だと分かりますが、コンピューターには単なる文字列にしか見えません。「山田太郎」という文字列と同等に扱ってよいのかどうかは分かりません。

これを、「市区町村」といった項目を予めデータに設定しておくことで、市区町村単位での人口集計など、コンピューターを用いた、さまざまな集計が可能になるのです。データを入力／収集する際には、集計の目的に応じて予め、こうした構造を定義しておけば、集計が容易になりますし、表記の揺れなども防げます。

図表 3-8 データは「構造」を持つことで集計などの操作が容易になる

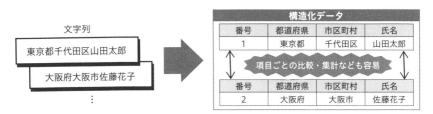

一般に私たち人間は、データを表形式で扱うことに慣れています。家計簿やこづかい帳、住所録など一般家庭でも表を作成する機会は少なくありません。行と列の表形式に表示できるデータが構造化データだと理解してもよいでしょう。この表形式のデータを扱いやすくするために、表計算ソフトやデータベースソフトウェアなどが使われています。

非構造化データ：構造を持たないデータです。文書や音声、動画などが、その代表例です。みなさんが作成する文書や、SNS（ソーシャルネットワーキングサービス）にアップしたコメントや動画、会議の録音データなどなど、身の回りにある多くのデータは、この非構造化データです。

　最近は、非構造化データを分析するための技術も発展してきています。例えば、電子メールの署名欄に住所を記載されているケースがありますが、これも、そのままでは単なる文字列に過ぎず、電子メールの文面自体は非構造化データです。ここから「住所」や「氏名」であろう文字列を抽出できれば、その結果は構造化データとして、この前で説明したような処理が可能になります。

　自動翻訳の精度が飛躍的に向上しているのも、こうした技術のお陰です。これも、分析に利用可能なデータが"ビッグ"になっているためです。その背景には、非構造化データの生成（作成）から収集が容易になっていることもあります。

図表 3-9　身の回りにある多くのデータは非構造化データ

　データを Velocity、鮮度の観点から見た場合、どこかに蓄積されているデータに対し、「ストリーミングデータ」という分類をすることもあります。

　ストリーミングデータは、動画のように継続的に生成されるデータを指します。構造化／非構造化の分類とは異なり、生成された時点で処理されているかどうかによる分け方です。ストリーミングデータには、構造化データもあれば非構造化データもあります。ストリーミングデータを一旦蓄積してしまえば、そのデータはストリーミングデータとは呼びません。

　身近に触れているストリーミングデータには、コンサートや試合のライブ配信やオンラインゲームなどがあります。オンラインゲームでは、プレーヤーの操作状況などもデータとして取得・分析することで、そのプレーヤーがより長くゲームを楽しめるようにゲームシナリオを調整したりしています。

図表 3-10 ストリーミングデータはリアルタイムに処理される

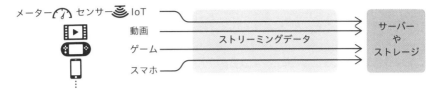

　企業分野であれば、産業機器や車両などに設置した各種センサーが送信しているデータや、株式市場による取引データや為替データなどがストリーミングデータです。センサーデータをモニタリングすることで稼働状況などが把握できますし、取引データをモニタリングすることで、市場の変化に追随した投資判断などが可能になります。

　DX の文脈では、今起こっていることに対しリアルタイムに反応を返すような仕組みの重要性が高まっています。そのためストリーミングデータの重要性もまた高まっています。

　このようにデータには、さまざまな種類があり、種類ごとにデータ分析で用いる手法なども異なります。そしてビッグデータは、その評価軸として 3 つの「V」があると説明しました。

　このビッグデータを分析することで 4 つ目の「V」が得られます。「Value（価値）」です。その意味では、経営や社会が必要としているのは、「第 4 の V」を導き出すことであり、それを満たすためのデータを集めることだと言えます。

図表 3-11 3 つの "V" を持つビッグデータを分析すると、4 つ目の "V" である「Value（価値）」が得られる

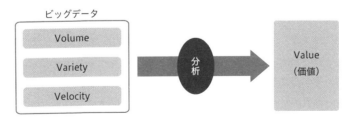

Lesson 17 データ分析で得られる価値

データ分析によって得られる4つ目の"V"である「Value（価値）」とは、どのようなものでしょうか。データ分析で得られる価値は大きく（1）現状の把握（可視化）と（2）将来の予測の2つです。

図表 3-12 データ分析の価値には大きく（1）現状の把握（可視化）と（2）将来の予測の2つがある

現状の把握（可視化）とは、データの集まりを表やグラフなどの形で表現することです。可視化には2つの目的があります。

目的の1つは、データの特徴を把握し、説明するためです。可視化により、データが持つ特徴を直感的に理解できるようにしたり、他者に分かりやすく伝えられるようになります。

第2の目的は、データから新たな気付きと、将来に関する何らかの仮説を得ることです。取得したデータをさまざまなグラフを用いて色々な観点から可視化することで、有益なアクションをもたらす仮説を導き出せるからです。

例えば体重1つを見ても、日常生活では具体的な数字は分かりませんが、体重計に乗れば、その日の値が分かります。体重を量ることを続け、それを記録していけば、体重が増えているのか減っているのかという変化が分かります。これを折れ線グラフなどにすれば、その変化は一目瞭然です。グラフを作成するのとしないのでは、ダイエットの効果が異なるという報告もあります。

そこに、その日の食事内容やイベントなども記録しておけば、体重の増減に影響している要因が何なのかについての仮説が立てられます。

これはビジネスにおいても同じです。「いつ、誰が、何をしたのか、その結果はどうだったのか」などを記録し、データとして蓄積することで、例えば、どの商品がヒットしているのか、品質が高い製品を作っているのは誰か、などが把握できるようになります。

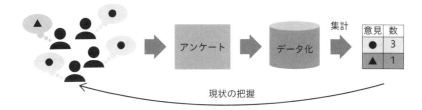

図表 3-13 アンケートはデータを記録し「集計」することで現状を把握する手法の１つ

データ分析で得られる価値の２つ目は将来の予測です。データは基本、過去に起こったことの記録です。その中から一定の傾向やパターンを発見し、それに基づいて将来に起こりそうなことを導きます。これを人間の場合は"経験と勘"や理論に基づいて予測・判断していることになります。

図表 3-14 データに潜む傾向やパターンから将来を予測する

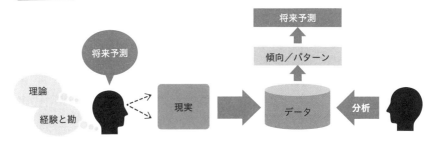

体重の例で考えてみましょう。例えば会食続きで体重が増えている人がいたとしましょう。このとき、会食に、どの程度の頻度で参加しているのか、どんな食事内容なのかなどを加味できれば、「１週間に３回、会食に参加すると翌週明けに体重が１キログラム増えている」とパターンが見られるかもしれません。

であれば、ある週に会食に３回参加すれば「翌週には体重が１キログラム増える」と予測できます。会食に２回参加した時点で「体重を増やさないためには、今週はもう会食に参加しないほうがよい」という判断ができるかもしれません。

ビジネスにおいても、例えば小売店であれば、過去の傾向から「晴天で、近所で運動会があれば、おにぎりが普段の２倍売れる」といったことが、製造業であれば機械の振動データから「こんな振動が出てくればモーターが消耗しており１カ月後に壊れる」といったことが予測可能になるわけです。こうした過去の

過去に起こった事実を示すデータに基づく将来の予測は、帰納的なアプローチである

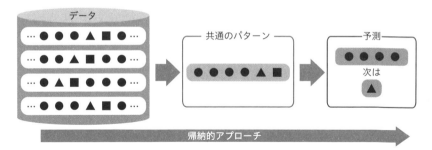

データに基づく将来予測のためのデータ分析は"帰納的"なアプローチです。

　帰納的なアプローチであるがゆえに、過去に起こったことがないような事象、あるいはデータとして記録されていない事象を予測することは難しいのだという点には留意する必要があります。

　データ分析の価値は、(1) 現状の把握（可視化）と (2) 将来の予測の2つだと説明しました。ただし、本当に大切なことは、これら2つの価値に基づいて意思決定し行動に移すことです。「会食続きで体重が増えている中、体重を増やさないためには、今週はもう会食に参加しないほうがよい」という結果が得られても、会食に参加していては体重増加は防げません。

データ分析には限界がある

　データ分析は、属人的な人間の"経験と勘"を補い科学的アプローチによる知見を導き出せますが、その結果をどう利用するかは別の課題です。そこにデータ分析の限界があることを理解し、データに臨むことが重要です。

Lesson

18 データ分析入門

　Lesson17 で、データ分析の価値は大きく (1) 現状の把握 (可視化) と (2) 将来の予測にあると説明しました。これら可視化や予測において非常に重要なことは「データはばらつく」ということです。データがばらつくからこそ、データを分析する意味があるのです。ここでは、データのばらつきに関連する基本的なキーワードをいくつか説明します。

図表 3-17 データは"ばらつく"からこそ分析する意味がある

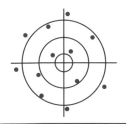
ばらつき大＝傾向を分析する必要がある

ばらつき小＝傾向が明確

　ばらついているデータにも、そのばらつき方によって特徴が出てきます。そうしたデータ全体を代表する値、あるいはデータのばらつきの中心的な場所にある値を「代表値」と呼びます。
　代表値には、(1) 平均値、(2) 中央値、(3) 最頻値の 3 つがあります。

平均値：みなさんもよく使っている「全体の総和を件数で割った値」です。
中央値：「すべての値を小さい順に並べたときに件数の真ん中に位置する値」です。件数が奇数個の場合は一意に決まりますが、偶数個の場合は真ん中に 2 つの値が並びますので、その平均値を中央値にします。
最頻値：「最も件数が多い値」です。

　これら 3 つの代表値の違いは"極端な値"から受ける影響度合いです。最も影響を受けるのが平均値です。平均値と中央値が大きく異なっている場合、極端な値が含まれている可能性が高いと考えられるため、データを読み解く際に

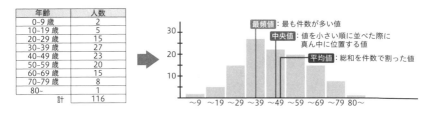

図表 3-18 データ全体を代表する「代表値」には平均値、中央値、最頻値がある

年齢	人数
0-9 歳	2
10-19 歳	5
20-29 歳	15
30-39 歳	27
40-49 歳	23
50-59 歳	20
60-69 歳	15
70-79 歳	8
80-	1
計	116

最頻値：最も件数が多い値
中央値：値を小さい順に並べた際に真ん中に位置する値
平均値：総和を件数で割った値

は注意が必要です。

　平均値は最も使い慣れている代表値ではありますが、データを扱う際には、3つの代表値を調べデータの分布を確認してから全体の傾向をとらえることが大切です。

　データを代表値のみでとらえるには限界があります。例えば年齢が、2歳・8歳・80歳の集団Aと、20歳・30歳・40歳の集団Bでは、いずれも平均年齢は30歳で同じです。ですが、明らかに両者は全く異なる特徴を持っています。集団Aは子供と高齢者しかいませんが、集団Bは青年と壮年しかいません。

図表 3-19 平均値は同じでも全く異なる特徴を持つデータ群は少なくない

　こうしたデータの傾向をとらえる際に加味しなければならないのが、データのばらつき度合いです。ばらつき度合いを示す値に（1）分散と（2）標準偏差があります。いずれも平均値からの隔たり具合を示す値です。

　分散は、各値と平均値の差を2乗し、その総和を件数で割ったものです。単純に平均値との差を足し合わせると、プラスとマイナスが相殺され「ゼロ」になってしまうため、2乗することで、それを回避しています。分散は、平均値からどれだけ離れているかの大きさを示しています。常にプラスの値のため、複数のデータ群を組み合わせた際のばらつき度合いなどの計算が可能になります。

図表 3-20 データのばらつき度合いを示す分散と標準偏差

生徒	点数	平均との差＝A	A の 2 乗
A	50	− 10	100
B	70	+ 10	100
C	60	0	0
D	80	+ 20	400
E	70	+ 10	100
F	30	− 30	900
	平均＝60	和は 0（ゼロ）	和は 1600

➡ 和の平均　＝ 266.6 ＝ **分　散**
　分数の平方根＝　16.3 ＝ **標準偏差**

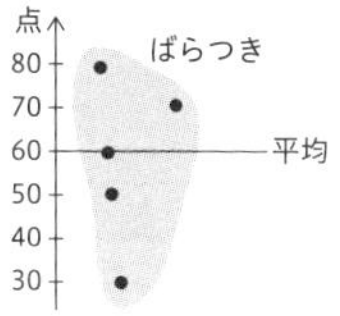

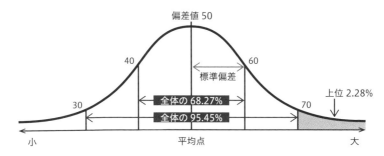

　ただし分散は計算過程で 2 乗しているため、元のデータとは単位が異なってしまっています。この問題を解消するために分散の平方根（ルート）を取ったものが標準偏差です。標準偏差の単位は元のデータと同じになるため、平均値などとの比較が可能になります。

　平均値と標準偏差を使って求められる値の 1 つに、みなさんご存じの「偏差値」があります。計算方法は省略しますが、データ全体の平均値が 50 点、標準偏差が 10 点になるように計算した値です。平均とばらつきを考慮することで、あるグループにおいて上位または下位から、どの程度の位置にいるかの比較を可能にしています。

図表 3-21 平均値と標準偏差を使って求められる値の 1 つが「偏差値」データ分析入門

　このように、日常生活や日々の業務においても私たちは、代表値や、ばらつきといった指標を利用しています。ただ繰り返しになりますが、平均値だけに頼ることなく、いくつかの指標を活用し、データ全体の傾向をとらえようとする姿勢が重要です。

Lesson
19

データ分析の対象を
拡大する

　Lesson16 で、SNS（ソーシャルネットワーキングサービス）で発信されている
テキストや画像といったデータを、非構造化データの例として説明しました。こ
の SNS データの重要性が高まっているのには別の意味があります。それは必要
なデータでありながら自社では直接には取得できないデータだということです。

　企業が直接取得できるデータは、自社のオフィスや工場、店頭や Web サイト
など自社内で発生しているデータか、取引先とやり取りしているデータ、およ
び官公庁や各社らが公開しているデータに限られます。これらのデータから分
かるのは基本的に、社内の状況と自社の直接的な顧客の状況です。官公庁など
の公開データから分かるのはマクロな調査結果がほとんどです。

　しかし、より知りたいことは、競合他社の状況や、それらを含めた業界情報
や市場の動きではないでしょうか。特に B2B（企業間）型の企業にとっては、最
終顧客との接点が限られるだけに、顧客ニーズの変化を直接的に知る手段が限
られていると言えます。

図表 3-22 自社の活動で生まれるデータの取得は容易だが、他社の活動や自社の
顧客ではない消費者などのデータの取得は難しい

　では社外の、顧客や競合他社に関するデータはどのように取得できるでしょ
うか。例えば顧客に関する情報を、これまで以上に得るための仕組みの１つが
IoT（モノのインターネット）です。自社製品の IoT 化を図れば、メーカーは販売
店を経由せずに、製品の稼働状況を把握できるようになります。

　企業が自社ブランドで投入するスマートフォン用アプリケーションも同じで
す。自社の Web サイトや EC（電子商取引）サイトにアクセスするための専用ア
プリや、自社製品の稼働状況を見たり制御したりするための専用アプリなどで

す。みなさんのスマートフォンにも、企業ブランドのアプリがインストールされていることでしょう。

これらのスマホアプリを使えば、最終顧客が、いつ、どこで、何をしたかなどが分かります。WebサイトやECサイト用アプリケーションなら、購入した製品だけでなく、検索したり比較したりした製品なども把握できます。スマホアプリの仕組みによっては、自社製品／サービスの顧客でなくても利用してもらえるため、自社の顧客以外の動向も得られます。

図表 3-23 IoTやスマートフォン用アプリケーションにより最終顧客の動きを把握できる

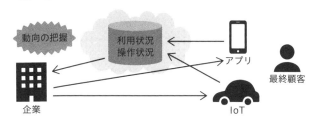

一方、社外データの入手方法にはデータの購入があります。購買情報や気象情報など種々のデータが販売されています。無償で利用できるオープンデータもあります。

最近は、より広範囲なデータを利用したい企業などがエコシステムを構築し、共同でデータを得るという手法も広がってきています。

図表 3-24 市場では、さまざまなデータが販売・提供されている

商品の販売動向データとして古くから活用されているのが「POS（販売時点情報管理）データ」です。小売り各社は、店頭のレジで登録したPOSデータを使って自社での売れ行きを分析しています。

　しかし、これも基本は自社店舗での売れ行きを示すデータでしかありません。隣のお店では何が売れているのか気になります。製品を提供しているメーカーにしても、POS データは小売店のデータのため、自社製品の売れ行きを示すデータとしては利用できません。

　こうしたニーズに応えるために、複数の小売店から POS データを集め、それぞれが、どこの小売店のデータかは分からない形に加工され提供されています。地域ごとの売り上げや製品別の販売数などについて、自社データとの比較も可能になります。

　こうした形で POS データが販売できるのは、商品に全国共通の商品コードが割り当てられているからです。レジで"ピッ"と読み込んでいるバーコードが示しているのが、それです。正確には「JAN コード」、国際的には「EAN コード」と呼びます。あのシマシマの中に、事業者名と商品コードが標準 13 ケタで記録されています。

図表 3-25 POS データが販売できるのは、全国共通の商品コードが割り振られているから

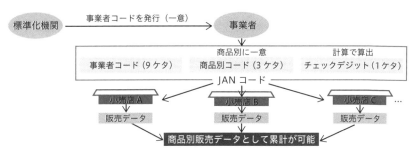

　購入した社外の POS データを使えば、自社データだけからは分からない全国各地での販売状況や地域の販売特性などとの比較検討が可能になります。最近は、ポイントカードの ID と紐付け、購入者の年代や性別などを含めた分析ができる「ID-POS データ」が提供されています。

　SNS のデータも販売されています。例えば Twitter は、ツイートデータを外部から利用するためのインタフェースを公開しているほか、データの再販制度も持っています。これらのデータを使って分析した結果も提供されています。

　最終消費者の動きを把握しようとすればするほど、そのデータは個人情報につながっていきます。日々の行動やバイタル情報、健診の結果などなどです。

しかし、CPS／デジタルツインの時代になり、これら個人情報の価値が高まったことで、企業による無制限な利用に対する批判の声も高まっています。欧州の「GDPR（一般データ保護規則）」のように、個人情報のやり取りを制限する規則も増えてきています。

個人情報の利用においては「オプトイン」と「オプトアウト」の考え方があります。オプトインは「事前に承諾を得る」ことです。これに対し、オプトアウトは「事後的に拒否する」というスタイルで、個人が明示的に拒否を表明するまではデータを活用してもよいという考え方になります。

図表 3-26 データの利用には「オプトイン」と「オプトアウト」の考え方がある。個人の権利やプライバシーを優先し、オプトインが主流になってきている

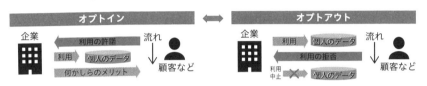

これまではオプトアウト型が主流をなしてきました。それが最近はネット社会全体がオプトイン型に変わろうとしています。これは、個人を重視するという考え方ではありますが、データを利用したい側から見れば、それだけ手間を掛けても個人情報を利用したいということです。

個人情報のより広範囲での利用に向けて、期待が高まる仕組みに「情報銀行」があります。個人情報をお金のように情報銀行に預け、その利用目的に応じて、個人情報の分析や第三者への提供を認めようという考え方です。データを提供する個人にとっては、データ分析によって各種サービスの内容や品質が高まっ

図表 3-27 情報銀行では、個人情報のオーナーである消費者が、自身の個人情報をその利用目的に応じて、分析や第三者への提供を認める

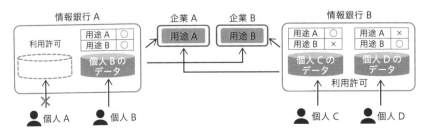

たり、新しい薬や治療方法が開発されたりといったメリットがあるとされています。

　ただ 2021 年 3 月時点では、情報銀行の仕組みは一部で取り組みが始まってはいるものの、まだまだ一般化しているとは言えません。

Lesson
20

重要性が高まる
データマネジメント

データマネジメントとは、データや情報が持つ価値を最大化するために、データの発生から蓄積、活用、破棄までを正しく管理するための取り組みや、そのための仕組みです。

Lesson15とLesson16で、データは"新しい原油"だと紹介し、データの評価軸にも触れました。この原油を価値に変えるためには、データ分析がしやすいように"精製"し"供給"できなければなりません。こうしたデータの精製／供給を続けることがデータマネジメントです。

本章で説明してきたように、データには多種多様な形式があり、その量も増えれば、存在場所もさまざまです。2章で説明した「デジタルツイン」にしても、図示すれば1つの塊ですが、その実態は、さまざまなデータの集合体であり、その所有者／運用者もバラバラでしょう。そんなデータ群を達成したい目標に合わせて分析する必要があります。

図表 3-28　データは、分析がしやすい状態に常に保つ必要がある

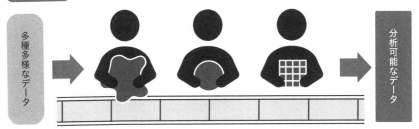

こうした状況は一企業においても、何ら変わりません。事業部や部署、あるいは個人のそれぞれが、それぞれの目的に合わせて、さまざまなデータを収集し蓄積、分析しているからです。

データマネジメントの知識体系である「DMBOK（Data Management Body of Knowledge）」によれば、データマネジメントの実現には10の機能が必要とされています。

ここでは、データ分析の利用者にとっても重要な「データ品質（Data Quality）」と「データカタログ」「データガバナンス」を紹介します。

「DMBOK（Data Management Body of Knowledge）」によるデータマネジメントの実現に必要な 10 の機能

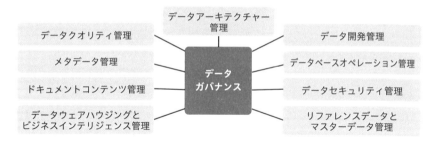

データ品質とは、分析に適した状態にあることを指します。その評価軸には、正確さや精度、一貫性、最新性などがあります。

例えば、送付先としての住所であれば、「東京都千代田区丸の内」の郵便番号は「100-0005」ですが、これが合致しているか、また「千代田区丸ノ内」は同じ住所なのか、受け取ってほしい人は今もそこにいるのかといったことが確認できなければ、正しい住所だとは言い切れません。

自身が作成し自分だけが使っている分には、こうした住所の不備もあまり問題ないかもしれませんが、部署や事業部内で住所一覧を作ろうとすれば、こうしたデータの違いを解消し、漏れ、重複、表記の揺れなどを解消する必要があります。こうした作業を「データクレンジング」と呼びます。

図表 3-30 「データ品質」は、データに正確さや精度、一貫性、最新性などを求める

データ品質の主な要素

正確性 （実体として正しい）	完全性 （要素がそろっている）	一貫性 （不整合がない）
精度 （有効技術などが合致している）	最新性 （一定期間において最新である）	プライバシー （利用できるデータであること）　…

データ品質は、データに基づく分析やソフトウェアが注目されている現在、ますます重要になってきます。データを学習させた AI を使えば最適解を導き出せます。しかし、学習対象であるデータが、そもそも偏っていれば、そこから導き出される解も偏ったものでしかありません。

さらに、時間と共に変化する業務に追従し最新の状況に即した最適解を得るためには、最新データを使って学習モデルを定期的に更新しなければなりませ

図表 3-31　AI 時代になり「データ品質」の重要性が高まっている

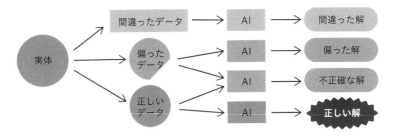

ん。そのためデータは、常に利用目的に合致する状態に保つ必要があります。

　データカタログは、分析に利用できるデータがどこにあるか、どんな形で利用できるかなどを可視化する仕組みです。

図表 3-32　「データカタログ」は、分析に利用できるデータがどこにあるか、どんな形で利用できるかなどを可視化する

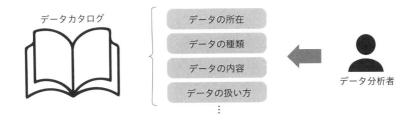

　データ分析で有益な価値を得るためには、それに足るデータが必要ですが、本章で繰り返し紹介しているように、データは多様化が進み、常に新しいデータが生まれています。これらの所在や形式が最新状態で公開されていれば、データ分析者は、必要なデータを早期に見つけ分析に取りかかれます。

　データガバナンスは、データの利用方法や管理方法などに関する方針（ポリシー）を決めたり、その方針に沿って運用されているかを評価したりすることです。自社の方針は元より、各国の法規制や業界ルールなどにも従う必要があります。

　データガバナンスへの関心は、個人情報の取り扱いを中心に、世界中で高まっています。Lesson19 でも触れたように EU（欧州連合）は、EU 域外での個人情報の扱いを定めた GDPR（一般データ保護規則）を 2018 年 5 月 25 日から施行して

図表 3-33 「データガバナンス」は、データの利用方法や管理方法などに関する方針（ポリシー）を決めたり、その方針に沿って運用されているかを評価したりすること。各国の法規制や業界ルールなどにも従う必要がある

いWS。米カリフォルニア州も 2020 年 1 月 1 日から州民のプライバシーを守る「CCPA（カリフォルニア消費者プライバシー法）」を施行しました。

　Lesson19 で説明したように、最終顧客に迫ろうとすればするほど個人情報を扱う機会が増えます。そこでは、データを取得してもよいのかから、そのデータをどう管理するのか、何のために分析するのか、などが問われます。企業などにとってデータやデータ分析の重要性はますます高まることでしょう。その一方で、個人のプライバシーをどう守るかについても、これまで以上に注視されるようになってきたのです。

　企業の論理だけに陥らず、データのオーナーとの "信頼関係" をどれだけ築けるかが今後、ますます重要になってきます。そのためにはデータマネジメントの取り組みを軽視せず、継続的に取り組まなければなりません。

図表 3-34 　データマネジメントには継続的に取り組まなければならない

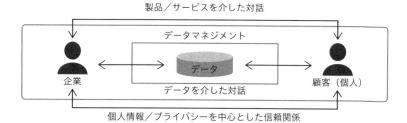

ビジネスモデルの
立案・実行と組織の動き方

4章では、DX（デジタルトランスフォーメーション）の
推進におけるビジネスモデルの立案やその実行に向け
た基本的な考え方を説明します。

DXの実現においてはデジタルテクノロジーの活用が
重要な役割を果たしますが、より重要なことは「課題
を解決できる新しいビジネスやサービスを立案し実行
できるか」です。そして有効な解決策を導くためには、
対象になる課題を正しく見極めなければなりません。

本章では、ビジネスを計画・実行するための考え方や
ツールをいくつか紹介していきます。これらを理解す
ると同時に、単体での利用にとどまらず、適切に組み
合わせることで、DXで取り組むべき課題の抽出から具
体化、小規模での立ち上げから組織的な展開へとつな
げていくことが重要です。

ビジネスモデル立案の基礎

　ビジネスモデル（Business Model）とは、顧客に何らかの製品／サービスを提供し、その対価を得て利益を上げる経済行為であるビジネスの構造を示したものです。戦略やモノの流れ、必要な資源やオペレーション、収益構造などが含まれます。関係者の間での製品／サービスや金銭の動きを示した図を目にしたこともあるでしょう。新たなビジネスモデルが世の中の潮流を変え巨大な利益を生み出すこともあります。

　ビジネスモデルで重要なことは、利益を継続的に得られる仕組みであることです。でなければ、顧客が求める製品／サービスを提供し続けられませんし、製品／サービスの改良・改善もできません。非営利な活動もありますが、その場合も利益がゼロなだけであって必要なコストは確保されています。でなければ非営利活動は継続できません。

　継続的な仕組みにするためには、誰に対し、どんな製品／サービスを、どのようにして提供し、そこから、どれだけの利益が得られるのかなどを設計する必要があります。しかし「設計する」と言っても、どこから手を付ければよいのでしょうか。

　ビジネスモデルにつながる課題の発見や市場分析、戦略立案などに向けたツールとして、さまざまなフレームワーク（方法論）が考案されています。これらのフレームワークを活用することで、自らのアイデアを整理できるだけでなく、組織内でアイデアを共有しながらビジネスモデルを練り上げていくことが可能になります。ここでは、いくつかのフレームワークを紹介します。

　「6W2H」は課題を多面的にとらえるためのフレームワークです。「5W1H（Who：誰が、When：いつ、Where：どこで、What：何を、Why：なぜ、How：ど

図表 4-1　「6W2H」を埋めることで課題を多面的にとらえられる

Who（誰が）	Whom（誰に）	What（何を）
How（どのように）	課題	Why（なぜ）
When（いつ）	Where（どこで）	How Much（いくらで）

のように）」はよく耳にされているでしょう。6W2H では、5W1H に「Whom：誰に」と「How Much：いくらで」が加わります。

　5W1H においては「Why、なぜ」を考えることが難しいとされています。6W2H では「Whom：誰に」と「How Much：いくらで」を加えることで、顧客や利益を考慮した課題を、より多面的にとらえられるようになります。

　ビジネスモデル全体を考えるためのフレームワークの１つに「ビジネスモデルキャンバス」があります。ビジネスモデルの構成要素を９つに整理し、それらの関係性を考えることで一貫性を持ったビジネスモデルの全体像を描き出します。

　ビジネスモデルキャンバスの９つの構成要素は大きく、（1）対顧客に関するもの、（2）提供者の体制に関するもの、（3）利益に関するものの３つに分けられます。

図表 4-2 ９つの要素からなる「ビジネスモデルキャンバス」

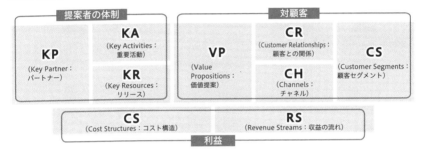

　対顧客に関する要素は、価値提案、顧客セグメント、チャネル、顧客との関係の４つです。

　提供者の体制に関する要素は、主要活動、リソース、パートナーの３つ。そして利益に関する要素が、コスト構造と収益の流れの２つです。

　DX に取り組む組織やチームのメンバーはビジネスモデルを強く意識すると同時に、それを実行し製品／サービスを生み出すためのテクノロジーにも留意しなければなりません。しかし、ビジネスモデル開発とテクノロジーは、それぞれが専門領域であり、両方に精通するのは、なかなか難しいのが現実です。

　このビジネスモデル開発とテクノロジーの両者を結び付ける役割に「ビジネスアナリスト」があります。日本では、あまり馴染みがない職位ですが、欧米では専門職として認知されています。

　ビジネスアナリストの役割は、ビジネス上の目的達成へとリードすることで

す。そのために、ビジネス部門からテクノロジーを使って何を実現したいのか
を聞き、テクノロジーの専門家からは、それが実行可能なものであるかどうか
を聞き出しながら、期間や予算などを加味し、本当に必要な機能に絞り込んだ
り、別のテクノロジーを検討したりします。

　単に両者の"通訳"としてではなく、両者の対話をうながし目的達成に向け
た意識の統一を図れるようにしなければなりません。

図表 4-3　ビジネスアナリストの役割

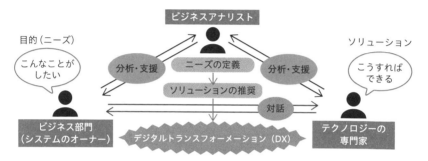

　ビジネスアナリストは欧米の企業では専門職として認知され、経営課題を解
決するためのプロジェクトのけん引役に位置付けられています。非営利団体
IIBA (International Institute of Business Analysis) による認定制度もあります。

　IIBAはビジネスアナリストが持つべき知識体系として「BABOK（Business
Analysis Body of Knowledge：ビジネスアナリシスのための知識体系）」をまとめ
ています。

　BABOKは、ビジネス要件を定めシステムを完成させるまでの過程で必要な知
識を7エリア32タスクに体系化付けたものです。2015年4月に改編された最
新版の「BABOK V3」では、ビジネスアナリストの活動の範囲を、これまでのシス
テムの要求定義から実現までを超えて、ニーズの把握からソリューションの評
価・フィードバックにまで広げました。システム開発だけでなく、経営価値の
追求に、より重点を置くためです。

改善を図る「PDCA」と "直感"を目指す「OODA」

　ビジネスモデルは、一度確立すれば終わりというわけではありません。顧客ニーズや市場の変化、あるいは競合他社の動きなどに合わせて見直しや改善を続ける必要があります。

　見直し／改善を続けるための代表的な手法として、達成したいゴールを予め計画しておく「PDCA」があります。ただし、見直し／改善の過程では、顧客ニーズや市場の変化などにより、設定したゴールそのものが変化する可能性があります。そうした環境変化に、より迅速に対応するために注目されている手法が「OODA」です。

　PDCAだけ、OODAだけでなく、これらを上手く使い分けたり組み合わせたりしながら活用していく必要があります。

図表 4-4 改善のための「PDCA」と環境変化への対応のための「OODA」

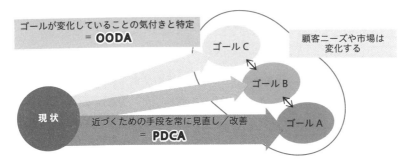

ゴールが変化していることの気付きと特定
= **OODA**

顧客ニーズや市場は
変化する

ゴール C

ゴール B

現状

近づくための手段を常に見直し／改善
= **PDCA**

ゴール A

　PDCA自体は、よく耳にしていることでしょう。PDCAとは、「Plan（計画）」「Do（実行）」「Check（評価）」「Action（改善）」の頭文字を取ったもので、計画を立てて、それを実行し、その結果を評価することで改善策を考えるための手法です。Plan、Do、Check、Actionを1つの単位にし、それを繰り返すことで改善を続けます。そのため「PDCAサイクル」とも呼びます。

　PDCAのそれぞれでは、次のような取り組みを実施します。

Plan（計画）：達成したい目標を立て計画を作成します。Lesson21 で紹介した「6W2H」などのフレームワークを使って、より具体的な目標と計画を練ります。

Do（実行）：計画を実行するとともに、その結果を計測・記録します。

Check（評価）：計画を実行した結果を、目標を達成できているかどうかの視点で評価します。

Action（改善）：評価結果から、良かった点と悪かった点を整理し、良かった点は継続を、悪かった点は改善策をそれぞれ考えます。継続策と改善策から、次の Plan、計画につなげ、PDCA を繰り返します。

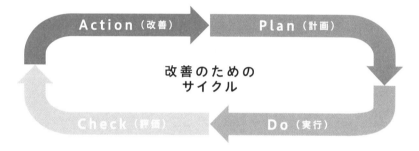

PDCA の歴史は古く、1950 年代に米国の統計的品質管理手法が紹介されたのを受け、日本で品質管理手法として確立されました。製造現場における小集団での改善活動を支える手法として広がり、その後に経営手法としても利用されるようになりました。その考え方は、品質管理の国際基準である「ISO 9001」や「ISO 14001」などにも採り入れられています。

多方面で利用されている PDCA ですが、DX の取り組みにおいては、不十分との指摘もあります。

デジタルテクノロジーの進化は速く、それを活用する DX では、PDCA の大元になる計画が短期間で通用しなくなるからです。顧客ニーズの多様化が進む現在では、目標自体も短期間に変更しなければならなくなってきています。

環境変化により迅速に対応するための手法として注目されているのが「OODA（ウーダ）」です。OODA は「Observe（監視／観察）」「Orient（情勢判断）」「Decide（意思決定）」「Act（行動）」の頭文字を取ったものです。Orient、Decide、Act のいずれの段階からも Observe へフィードバックを返すことから、PDCA の一連の流

れを示す「サイクル」に対し「ループ」と表現されています。

　このループにより、より迅速な状況判断に基づく意思決定と行動をうながします。

図表4-6　OODA の基本概念

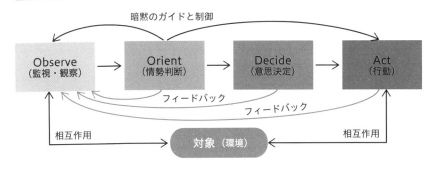

OODA のそれぞれでは、次のような取り組みを実施します。

Observe（監視／観察）：周囲の状況を詳細に監視／観察します。生データを収集する段階です。

Orient（情勢判断）：監視／観察した状況から、現在の情勢を判断します。生データを分析し、意思決定のための情報を得る段階です。十分な情報が得られなければ、Observe と連携し、監視／観察の対象を見直すなどして新しいデータを取得します。

Decide（意思決定）：得られた情報に基づき意思決定します。意思決定した結果は Observe にフィードバックし、監視／観察を続けます。

Act（行動）　　：意思決定に基づき行動を起こします。その結果も Observe にフィードバックし、監視／観察を続けます。

　OODA において大事な段階は Orient の情勢判断です。監視／観察によって、現状を示すデータをどれだけ集めても、それを意思決定を下すのに十分な"情報（インフォメーション）"に変換できなければ正しい意思決定は下せません。データを有効な情報に変換するためには、単に新しい情報だけでなく、過去の蓄積

や文化的な伝統、これまでの経験が必要であり、それを加味しながらデータを横断的に分析することが重要になります。

図表 4-7 OODA において大事な段階は Orient（情勢判断）。監視／観察によって現状を示すデータを意思決定に必要な"情報（インフォメーション）"に変換する

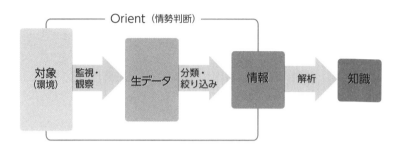

　このように OODA は、意思決定や行動が状況に与える影響を加味しながら常に最新情報を把握し、状況の変化を次の意思決定や行動に変えていく手法です。元々は米国空軍のエースパイロットだったジョン・ボイド大佐が、戦闘機の空中戦におけるパイロットの意思決定速度を高めるために体系化したものです。

　「Observe の"見て"、Orient の"分かったら"、Decide の"決めて、Act の"動く"」が、非常に短い間隔でループするようになれば、それはもう"直感"に基づくかのような動きに見えるかもしれません。

図表 4-8 OODA が元来目指すのは"直感"的な動き

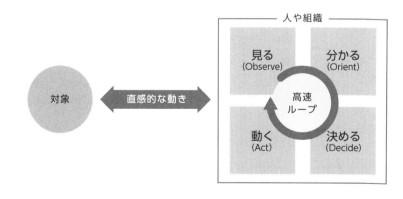

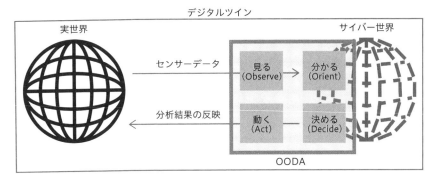

図表 4-9 OODA は IoT やデジタルツインの考え方とも重なっている

デジタルツイン

実世界

サイバー世界

センサーデータ

分析結果の反映

見る（Observe）

分かる（Orient）

動く（Act）

決める（Decide）

OODA

　戦闘機のパイロット用だった ODDA は軍事用途から、経営領域にも適用されるようになりました。米シリコンバレーのスタートアップ企業が採用する「リーンスタートアップ（小さく始めて市場の反応を採り入れながら試行錯誤を重ね事業を拡大する経営手法）」も、この OODA に基づいています。

　OODA を「データを取得し、それを分析し、最適解を導き出す」ととらえれば、その考え方は 3 章で学んだ「IoT（モノのインターネット）」や「デジタルツイン」の考え方とも重なってきます。そして Orient、情勢判断は、3 章で説明したデータ分析そのものです。

　DX においても、データ分析が重要な役割を担っていることが分かります。

人や社会を中心にする「デザインシンキング」

ビジネスを円滑に、かつ競争力を持って進めるために「PDCA」や「OODA」といった手法や、それを機能させるためのさまざまなフレームワークが考案されています。そうした中で近年、DX を進めるための手法として注目されている手法に「デザインシンキング／デザイン思考」があります。

デザインシンキングは、顧客が真に求めていることや解決すべき課題などを深掘りし、それらの解決策を組織やチームとして導き出す手法、あるいは、そのための思考法のことです。

図表 4-10 デザインシンキングの基本概念

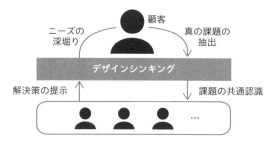

デザインシンキングを理解するためには、「デザイン」という言葉を理解する必要があります。一般にデザインと聞くと、衣類や自動車、家電製品などモノの形や色といった外観を思い浮かべるかもしれません。Web サイトやスマートフォン用アプリケーションの画面などもデザインの対象です。しかし、デザインの言葉の意味は時代と共に変遷しており、今日のデザインは、より広範囲の活動を指すようになっています。

「グッドデザイン賞」を実施する日本デザイン振興会によれば、デザインとは「常に人を中心に考え、目的を見出し、その目的を達成する計画を立て実現化すること」です。形や色、機能などは目的を実現するための手段の位置付けです。

人を中心に置くことで、その視点は人々や社会へと広がります。1 人ひとりや、人が構成する社会のために何が必要で、何を提供するかを考えることがデザインです。

そのためにデザインシンキングでは、いくつかのプロセスを実施します。プロセスには複数の考え方がありますが、ここでは米スタンフォード大学のデザインシンキングの拠点である「d.school」の5つのプロセスを紹介します。

(1) 共感 (Empathize)	顧客や利用者の行動を理解し、真の問題は何かを共感をもって見つける
(2) 問題定義 (Define)	見つけ出した問題点に対し、自身がなすべきこと、考えるべきことを明確にする
(3) 発想 (Ideate)	定義した対象に対し仮説を立て、新しい解決策としてのアイデアを創出する
(4) 試作 (Prototype)	アイデアを形に、実際に機能する仕組みを実現する
(5) テスト	実現した仕組みを検証する。有効であれば、この仕組みが解決策になる

　5つのプロセスを見れば、PDCAやOODAなどとの共通点も見受けられます。しかし、先のデザインの定義を加味すれば、DXの取り組みにおいてデザインシンキングに期待がかかるのには、いくつかの理由があります。
　理由の1つは、現代は先行きが読み切れず明確な課題が設定できないことがあります。そうした状況は、「Volatility（変動性）」「Uncertainty（不確実性）」「Complexity（複雑性）」「Ambiguity（不透明性）」の頭文字を取り「VUCA（ブーカまたはブカ）」と呼ばれています。

図表 4-11 デザインシンキングでは、解決策よりも、むしろ、顧客や利用者を中心にした課題を正しく設定できるかどうかを重視する

　例えば少子高齢化が進む日本は「課題先進国」と言われていますが、これは人口減少が進む中で経済活動を成長させるという経験は、いずれの先進国も未体

験なことを指しています。加えてデジタルテクノロジーの進展により、生活／社会環境が大きく変わると予想されます。つまり将来に起こる課題の想定が難しく、かつ過去の成功例がないということです。

そのためデザインシンキングでは、先に挙げた（1）共感と（2）問題定義のプロセスによって顧客や利用者のニーズに迫り、解くべき課題を正しく設定することをとても大切にしています。特に、ハードウェアなどモノの提供に注力してきた業界では、シーズに基づいたプロダクトアウトに陥りがちです。そうした解決策よりも、むしろ、人を中心にした課題を正しく設定できるかどうかが重要だからです。

もちろん、設定した課題とその解決策が有効かどうかを確かめる（5）テストのステップは不可欠です。

2つ目の理由は、市場ニーズが「モノからコトへ」と変化していることです。コトとは利用者が得られる体験や価値の意味です。

この変化の例に「消費者がドリルを買うのは、ドリルがほしいからではなく、穴を空けたいからだ」というものがあります。この例で言えば、ドリルがモノで、穴を空けることがコトです。コトは目的で、モノはそのための手段とも言えます。コトの重要性は、ますます高まっています。だからといってドリルというモノがなければ穴は空けられません。

図表 4-12 モノとコトとは、ドリル（解決策）と穴（目的）のこと

DXにおいては、ドリルと穴に相当する、モノ（解決策）とコト（目的）を同時に考える必要があります。

そのモノも、ドリルのようなハードウェアだけでなく、スマートフォン用アプリケーションといったソフトウェアや、ソフトウェアなどによって実現されるサービスへとシフトしています。

ソフトウェアやサービスなど人の目には見えづらい対象を顧客や市場に届けるためには、それらをデザインによって体験可能なものにする必要があるのです。

図表 4-13 ソフトウェア化／サービス化が進むモノやコトをデザインによって体験できるようにする

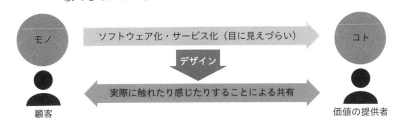

　3つ目の理由は、DXへの取り組みは組織／チームとしての活動が重要なことです。モノとコトを同時に考えるためには幅広い知見やノウハウが必要です。それを1人でこなすのには限界があるだけにチームとしての活動が必要になります。
　ところが、不明瞭な課題や目に見えづらいコトなどの共有はなかなか難しいのも事実です。言葉や文字だけでは微妙にとらえ方が異なっているかもしれません。そうした齟齬を解消するためにも実際に触れたり感じたりできるようにすることが有効です。デザインシンキングに試作（Prototype）のプロセスがあるのは、このためです。これは顧客との共通理解の醸成にも有効です。

図表 4-14 チーム／組織／顧客の共通理解を「試作（Prototype）」で作り出す

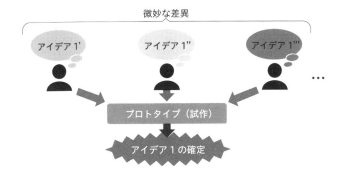

今後、みなさんもデザインシンキングのワークショップなどに参加されるかもしれません。みんなでアイデアを出し合い、それを試作し実際に試してみる体験は楽しく有益なことでしょう。

　ただワークショップは短時間で全体を体験できるように課題の深掘りができなかったり検証が不十分だったりします。実際の課題の定義に向けては、OODAにおける情勢判断（Orient）同様、多くのデータと経験や知見が問われることを忘れてはなりません。

「アジャイル」で変化の速度を高める

　DXの取り組みにおいて課題の見極めや解決策のアイデア出しなどと並んで重要なのが"スピード"です。どれだけ正しく課題を見極め、画期的なアイデアが浮かんだとしても、その実現に時間がかかってしまっては、その間に顧客や市場の要求が変化し、課題の設定がズレてしまうかもしれないからです。競合他社が先行する可能性も高まります。

図表 4-15 スピードが大事

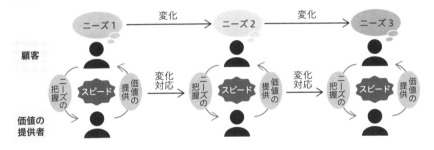

　組織のスピード感ある動きは「アジャイル (Agile)」と呼ばれます。アジャイルとは「俊敏な」「素早い」「機敏な」という意味です。

　アジャイルの考え方は当初、ソフトウェアの開発手法として登場しました。全体の細かな仕様は最初からは決めず、ニーズを見極めながら小さい単位でのプログラムの開発とテストを繰り返して全体を創り上げていきます。Lesson23のデザインシンキングで紹介した試作品の効果と似ています。

　アジャイルはLesson22で紹介した「リーンスタートアップ」とも、よく似ており、本質的な考え方は同じです。「リーン」は「ぜい肉のない引き締まった」という意味で、製造業におけるスピード開発の場面でよく使われます。

　アジャイル以前のソフトウェア開発は「ウォーターフォール型」という考え方で作られてきました。ウォーターフォール型は、大規模な建築物を建てるようなプロジェクトで失敗しないように考えられた手法で、すべての要求を最初に洗い出し、必要な機能をすべて設計してから実際の建築を始めます。建築物では後から階数を増やしたり、そのために基礎杭を追加したりといったことは基

アジャイル開発では小さい単位での開発とテストを繰り返しニーズに迫ることで実行速度を高める

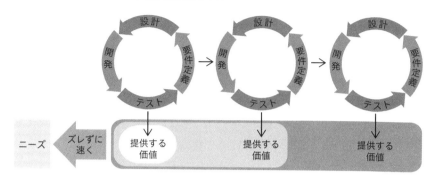

本的にできないためです。

　この考え方がプログラム開発にも利用されてきましたが、市場環境などの変化に伴い要求が変われば、ウォーターフォール型では仕様の確定から機能の設計なども最初からやり直す必要があります。技術や市場の変化スピードが速くなれば、仕様が変わる頻度も高まってきます。そんな時代にあって、全体像を最初に決めるウォーターフォール型は、そぐわなくなってきたのです。

　ソフトウェアの開発手法として登場したアジャイルですが、小さな単位の開発を繰り返すという方法は、目的の達成に向けて意思決定を繰り返していることと同義です。そのため近年は、ソフトウェア開発に限らず、意思決定スピードが速い組織を運営するための手法としても利用されるようになっています。

　組織改革にも利用されているアジャイル開発手法の代表に「Scrum（スクラム）」があります。スクラムは、1970年代〜80年代の日本の製造業における企画開発プロセスやトヨタ生産方式に影響を受けて誕生した、チームを前提にした活動形態です。

　スクラムでは少人数のチームを組み、そのチームが1〜2週間単位でタスクを

図表 4-17　事前にすべてを決める「ウォーターフォール型」は変化の速い時代にはそぐわなくなってきた

繰り返します。ここでのタスクは、ソフトウェア開発に限らず、製品企画やマーケティング活動であっても構いません。期間の最初に、やるべき仕事をリストアップし、どの仕事を、どのように進めるかをチームで決めて取り組みます。

　スクラムチームは、要求を出す顧客とチームのインタフェースになる「プロダクトオーナー」と、実際に成果を生み出す開発チーム、そしてチームがプロジェクトを円滑に進められるように、さまざまな障害を取り除く「スクラムマスター」から構成されます。

図表 4-18 スクラムチームの構成。成果を顧客に見せフィードバックを得ながら目標に近づいていく

　チームは1つの開発期間が終わるたびに、その成果をプロダクトオーナーに見せ、フィードバックを求めます。フィードバックを加えて、やるべき仕事のリストを見直し、次にどうするかをチームで決めます。このサイクルを繰り返しながら目標に近づいていくのです。

　短いサイクルの反復で開発を進めることで、要求の変化に対応でき、その結果として開発した機能が不要になることがあっても、その影響を最小に抑えられます。

　さらに、チームの仮説を早期に検証するための手段として「MVP（Minimum Viable Product）」の開発があります。MVPとは、「それだけで実用的に機能する最小限の製品」という意味です。

　顧客が望んでいるだろうと、考えられるすべての機能を開発してから提供するのではなく、まずは最低限の機能でも実際に動作する製品を多くの手間を掛けずに早期に提供すれば、実際の顧客の声が得られ、それをもって、これから何を開発すべきかを判断するのです。

　組織運営にスクラムが適用されるようになってきたことで、大規模な組織でもスクラムの考え方が機能するように改良もされています。複数（4〜5が最適とされる）のチームをスクラムチーム群とし、それぞれにプロダクトオーナーとスクラムマスターを置きます。

このスクラムチーム群を「スクラム・オブ・スクラム（Scrum of Scrums）」と呼びます。そのスクラムチーム群をまたまとめるということを自己相似系（フラクタル）に繰り返すことで、より大規模な組織にスクラムを適用していきます。

　スクラムをはじめ、アジャイルなチームを作る考え方を組織全体に拡張・浸透させる取り組みは「エンタープライズアジャイル」と総称されています。

図表 4-19 スクラムは大規模な組織にも適用できる

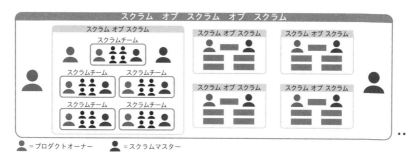

　スクラムの名称は、野中 郁次郎 氏と竹内 弘高 氏が1970年代から80年代の日本企業と米国企業の組織を比較・分析した研究論文において、日本発の開発手法は自由度が高く、それをラグビーのスクラムに例えて紹介したことに由来します。組織や立場の違いを超えて横断的に課題解決に当たった「ワイガヤ（わいわい・がやがや）」など個人のアイデアを重視する風潮が当時は強かったのです。

　2019年にラグビーワールドカップが日本で開催されたこともあり、「ワンチーム」というキーワードもよく耳にするようになりました。状況の変化を的確に判断しながら、それぞれの役割を果たすこととゴールを目指すチームのあり方がDXへの取り組みでも求められています。

社外の力を活用する「オープンイノベーション」

DXに向けたビジネスモデルの立案・実行に向けて、「OODA」や「デザインシンキング」「アジャイル」といった手法を紹介してきました。これらの取り組みは、一企業内で実行が可能です。

しかしDXにおいては、一企業の壁をも越えていかなければなりません。人や社会が抱える課題に対する解決策を一企業だけで実現するのは困難だからです。一企業の壁を越えるための方法論が「オープンイノベーション（Open Innovation）」です。

オープンイノベーションでは、組織の革新に対し自社単独ではなく、他社や学術機関、地方自治体、ベンチャー企業、さらには個人などとも連携し、それぞれが持つ技術やアイデア、製品やサービス、データなどを融合しながら取り組んでいきます。

研究開発など従来なら"社外秘"と考えられた領域でもオープンイノベーションは広がっています。日本語では「共創」や「協創」「協奏」などと訳されています。

図表 4-20 「オープンイノベーション」で一企業の壁を越える

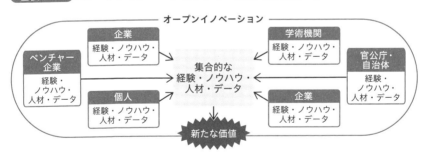

オープンイノベーションのスタイルは、取り組む課題やプレーヤーによってさまざまです。産業界と官公庁、学術界が組む「産官学連携」や、特定のテーマを掲げたコンソーシアムなどもオープンイノベーションの一形態と言えます。

最近はベンチャー企業や大学、個人などと大手企業とのオープンイノベーションを意識したイベントも活発に開かれるようになりました。社会課題や大手企

図表 4-21 「オープンイノベーション」のスタイルはさまざま

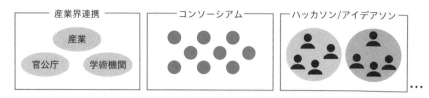

業が実際に抱える課題などを題材に、集まったベンチャー企業や大学のチームなどが、その解決策を、ときには合宿もしながら考えます。

　解決策としてのアイデアまでを考えるイベントは「アイデアソン」、実際に動作するプログラムまでを考えるイベントは「ハッカソン」と呼びます。"マラソン"のように長時間、連続して考えたり開発したりするためで、「アイデアマラソン」「ハック（コンピューターに詳しい人が創意工夫する）マラソン」を縮めたものです。

　異なる組織が出会うための"場"として、「コワーキングスペース」や「イノベーションハブ」「インキュベーション（ふ化）施設」といった拠点を開設するケースも少なくありません。これらの拠点では、勉強会やプレゼンテーション大会などを開き、意図的に新たな出会いを生み出す工夫もなされています。

　これらの拠点には、ルールが確立されている本社機構などから物理的な距離を置き、既存のルールに縛られない活動に取り組むための"出島"的な意味合いもあります。

　オープンイノベーションが期待される背景には、いくつかの理由があります。1つは、本章で何度か紹介したように、デジタルトランスフォーメーション、DX

図表 4-22 「コワーキングスペース」や「イノベーションハブ」既存のルールに縛られない活動に取り組むための"出島"でもある

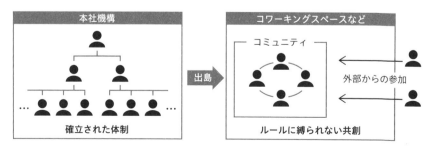

で取り組むべき対象が、人や社会が抱える課題の解決であり、その課題が複雑化・不確実なものになってきていることです。

　課題が明確であれば、それを解決する技術やサービスを開発すれば十分ですが、不明確な中での開発は技術ありきになりがちで、技術的には画期的であってもニーズがなかったりコスト高だったりして市場に投入されないままに終わってしまう可能性があります。

図表 4-23 技術ありきの開発では市場ニーズを満たせなくなっている

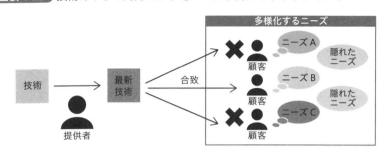

　ここに外部の知識やノウハウ、ニーズなどを組み合わせることで、開発者が気付いていないような利用方法が見つかる可能性が出てきます。実際、研究開発者が想定していない用途に使われている技術は少なくありません。

　2つ目の理由は、研究開発を含めデータ連携の重要性が高まっていることです。かつての研究開発は自社内での地道な実験で集めたデータの分析が中心でした。しかし社会課題などの実状を示すデータは一企業だけで収集するには限界があります。

　より広範囲のデータを持ち寄れば、それだけ課題に迫れることになります。共有したデータを媒介として、研究開発などでも共同で取り組もうというわけです。政府や自治体が、それぞれが持つデータの"オープン化、公開化"を進めているのも、データを活用した新たな解決策の登場を期待しているためです。

　もう1つの理由は、SNS（ソーシャルネットワーキングサービス）の普及による個人の情報発信力や情報共有力の高まりがあります。『三人寄れば文殊の知恵』という諺があるように1人より複数人で考えた方が良いアイデアが出やすくなります。

　SNS上では、より大勢から多様性に富んだアイデアの集約が容易になります。物理的に集まるコミュニティだけでなく、ネット上に構築される仮想的なコミュ

研究開発においてもデータ連携の重要性が高まっている

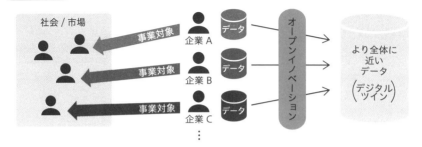

ニティからのイノベーションも可能だということです。

　DX の取り組みには、既存の常識を疑い、従来の発想に囚われない新たなアイデアにより現状を"破壊"するという側面があります。そのためには、異業種を含めて、より多様性が高い人材やアイデアを取り込む必要があります。

　一方で組織の実行力は同質性を持つ人材が多いほうが高いとされます。オープンイノベーションは、こうしたジレンマを乗り越えるための方法の1つなのです。

図表 4-25 人材の多様性を高めつつ組織の実行力も保つ

組織にとっての
DX と定着法

DX（デジタルトランスフォーメーション）への取り組みを進展させるためには、個々人の取り組みにとどまらず、グループや組織全体の取り組みとして定着させ、日々の業務や生活をより良くするとともに、社会への変革へとつなげていく必要があります。

組織にとっての DX の意味と、DX の活動を組織全体に広げ定着させるための方法などについて、三菱ケミカルホールディングス（MCHC）グループの取り組み例を基に紹介します。

組織にとっての
DXの意味

　本書では、DX（デジタルトランスフォーメーション）を次のように定義しました。

　　「製品／サービスのあり方や顧客への届け方、さらには、それらを実現するための仕事の進め方、働き方など、デジタルテクノロジーを活用して改革する中で、日々の業務改善と、新規事業やサービスを創造し、企業や社会の持続的な成長に貢献すること」

　このDXを実現するには、デジタル技術をどう使うかだけを考えるのではなく、会社や業界、社会の未来を実現していくことが重要だとも説明してきました。

　DXが実現する世界では、物理的な"リアル"な世界と、仮想的な"サイバー"な世界が相互に影響を与え合うことで新たな価値が生み出されます。私たちは、リアルな世界とサイバーな世界が融合した環境を想定したうえで、未来の事業や社会を考えなければなりません。

図表 5-1 DXではリアルとサイバーが融合する未来を想定した会社や業界、社会の実現を目指す

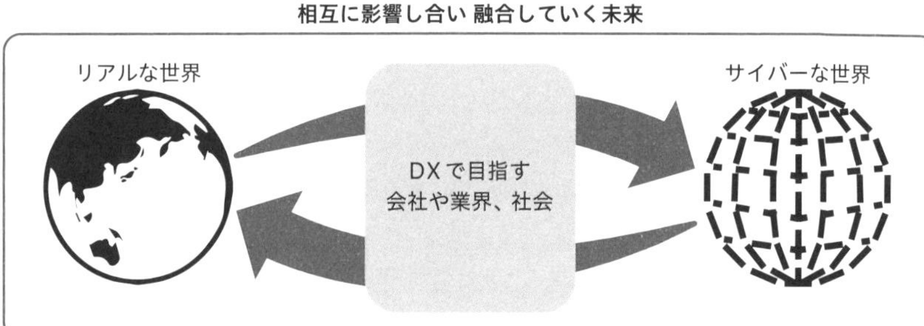

相互に影響し合い 融合していく未来

リアルな世界　　　　　　　　DXで目指す　　　　　　サイバーな世界
　　　　　　　　　　　　　　会社や業界、社会

　リアルな世界とサイバーな世界が融合するといってもピンとこないかもしれません。しかし現在でも、例えばネットショッピングなどでの商品検索では、リアルな世界では決して訪れたり気付いたりもしないような仮想店舗を訪れる

ことがありませんか。オンラインゲームを楽しんでいれば、それはネット上の仮想的な環境での行動ですし、ネット上でしか出会わないゲーム友達がいないでしょうか。

図表 5-2 私たちはすでに、リアルな世界とサーバーな世界に暮らしている

このように私たちはリアルな世界にのみ存在するわけではなくなってきています。サイバーな世界にも私たちは存在し"仮想的な暮らし"を始めているのです。仮想的な暮らしとは、サイバー空間でのみ成立する行動や、そこで発生したデータなどによって形作られるものを指します。

ところでLesson1で「DXには妄想力が重要だ」という話をしました。ここで改めて、リアルとサイバーが融合した世界を"妄想"してみてください。

リアルしかない世界では、情報を伝える媒体が書物などに限られ、情報が伝播するスピードと範囲は限定的でした。サイバーな世界が登場し、より身近になった今、情報を取り巻く環境はデジタルの力によって飛躍的に拡張されました。自身の記憶は元より、人類あるいはAI（人工知能）技術を使って得た知識や知恵も、自身の資産として活用できるようになったのです。時間や距離の制約を取り払うことも容易です。

図表 5-3 新しい事業や社会サービスを考える前提は"妄想"が描き出す未来の社会

そんなサイバー空間を取り込んだ世界は、SF 映画などでは好意的に、あるいは逆に、人類に恐怖の念を抱かせるような形で、多数表現されています。こうした妄想力を、ビジネスにも適用し、価値を作り出していくのが、企業におけるDX だと言えます。

　例えば、材料開発にデジタル技術を最大限活用する研究分野として「Materials Informatics（MI：マテリアルズ・インフォマティクス）」があります。MI では、データ分析を含むデジタル技術を活用することでリアルに限定されない、さまざまな可能性を検討できることから、新たな材料が開発できると期待されています。

図表 5-4 Materials Informatics（MI：マテリアルズ・インフォマティクス）ではリアル（研究者・ロボット）とサイバー（モデルとシミュレーション）の融合による新たな発見を期待する

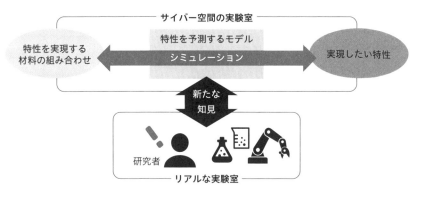

　具体的には、原料の配合や実験条件を入力として材料の特性が予測できるような機械学習モデルを作成すると疑似的な実験を高速に繰り返せるため、研究者は、さまざまなアイデアをより自由に試せます。そのモデルを逆方向に利用すれば、求められる特性を生み出す製品の分子構造や配合を実験の回数を極力減らしながら探し出すことも可能になります。

　従来なら"妄想"とされ、実際に実験するまでに至らなかったような分子構造や配合も検討対象になるだけでなく、機械学習を使って得られた示唆も新たな手掛かりになるため、材料開発の可能性が飛躍的に広がるのです。

　このように私たちはすでに、リアルとサイバーの 2 つの世界に存在し、それぞれで経験を積んでいます。そして、両者の関係性の中で新たな"知"を生み

出しているのです。

　リアルな世界とサイバーな世界は今後、フィードバックループによって両者の境界があいまいになり、一体化していくはずです。そこでは、人間同士は元より、サイバー空間につながる多くのモノとも連携しながら、リアルな世界だけでは想像もつかない量や種類の“知”の構築と利用が始まります。

図表 5-5 リアルな世界とサイバーな世界の間でデータを介した知の流通が、新たな“知”を生み出す

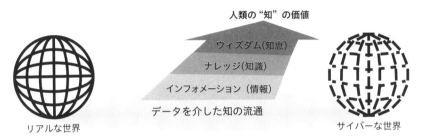

　私たちは今後、人やモノ、各種サービスなどの別なく、それぞれを組み合わせながら、新しい事業や社会サービスを考えることになります。

　もちろん、こうした取り組みは、1年や2年で簡単に実現できるものではありません。長期的な視野を持って取り組むべき対象ですが、だからといって取り組みを先延ばししてもなりません。世の中が大きく変わろうとしている今こそ、新しい組織や社会の創造に向けた取り組みを開始する千載一遇のチャンスなのです。

　それだけに、デジタル技術が組織や社会にどんな価値をもたらすのか、そこ

図表 5-6 DX は新しい組織や社会を創造するための千載一遇の機会

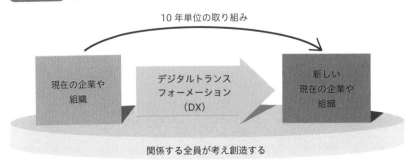

から生み出される新しい組織／社会の姿をどうしたいのかについては、経営層だけでなく、全社員が考え、大小の成功体験を積み重ねながら、より良く、より具体的にしていかねばなりません。

　デジタル技術を前提にした会社や社会の構造・仕組みは、ある意味、最終利用者が、そのニーズに気付いていない領域にまで踏み込むことにもなります。そこでは、新しい製品／サービスを投入する企業と社会との関係性が問われます。その関係性において、会社や業界は、社会に対し、どのような価値を提供できるかが重要になってくるのです。

図表 5-7 会社や業界と社会との関係性が問われている

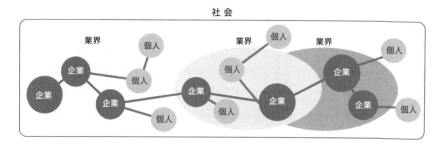

　DX に取り組み、会社や社会の構造・仕組みを考えること、それはすなわち、その会社や組織が「どういう会社や組織になりたいのか」を考えることにほかなりません。そこが DX において一番大事なことです。

Lesson 27

B2B 業界における DX のインパクト

　企業や組織の事業内容は大きく（1）主に一般消費者を顧客とする B2C（企業対個人）型と（2）主に企業や組織を顧客とする B2B（企業間）型とに分けられます。

　顧客ニーズの多様化が進む中、B2C 型の企業のほうが一般消費者に対し、よりダイレクトにメッセージを伝えられます。顧客の声も、より直接的に把握できます。顧客 1 人ひとりにカスタマイズした製品や、特定のニーズに絞り込んだアイデア商品を製造・販売するためには、顧客ニーズをしっかりと把握できるだけの仕組みが必要です。

　DX の先駆者とされる米 Amazon.com や米 Uber Technologies、あるいは Amazon を含めた昨今の GAFA（Google、Amazon、Facebook、Apple）なども基本的には B2C のサービスが主体です。そこに強みがあるからこそ一般消費者を対象にした広告ビジネスなどが成立するのです。

　これに対し B2B 型の企業には、自社製品や会社の取り組みが一般消費者からは認知されづらく、また一般消費者のニーズなども直接的には把握が難しいという側面があります。

図表 5-8　B2B（Business to Business：企業間）型の企業の製品／サービスは一般消費者には認知されづらい

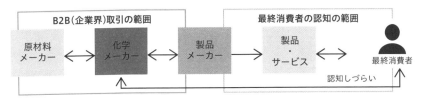

　DX においては、B2B 企業であっても多様化する顧客ニーズに対応していくためには、B2C 型企業同様に、一般消費者の動きにも敏感にならなければなりません。つまり、直接的な顧客（企業）と、その顧客である一般消費者の双方とつながる B2B2C（企業対企業対個人）型のビジネスモデルを、これまで以上に強く意識し実践する必要があるのです。

Chapter 05　組織にとっての DX と定着法

137

直接的な顧客と、その顧客である最終消費者の双方とつながる B2B2C
（Business to Business to Consumer：企業対企業対個人）のビジネスモ
デルが重要に

一般に B2B 型の企業は、原料から最終製品に至るサプライチェーンにおいて
は、その中間に位置し、最終消費市場の変化を直接的に察知しづらい立場にあ
ります。

そこにデジタル技術を活用し、最終消費の動向を、より直接的に、より早期
に把握できるようになれば、顧客ニーズへの対応が容易になります。さらには、
顧客の販売状況や在庫量などから自社の適正在庫を予測したり販売機会の損失
をなくしたりすることが期待できます。

図表 5-10　最終顧客のニーズや顧客の業務プロセスなどを理解できれば、在庫の
削減から、新製品の開発、複数の製品／サービスを組み合わせたソ
リューションの実現などの可能性が高まる

B2B2C 型を指向する過程では、1 章で説明したように、顧客が真に求める課題
解決に向けた「モノからコトへ」の変化にも対応しなければなりません。

実例を紹介しましょう。B2B 企業における「モノからコトへ」の対応事例の
1 つにオランダの化学メーカーAkzoNobel の取り組みがあります。AkzoNobel は
塗料分野では世界最大手の 1 社で、塗料製品の中には船底の汚れを防ぐための
塗料、船底防汚塗料も扱っています。

この船底防汚塗料ビジネスにおいて同社は、最終顧客である船主や運行会社

に対し、船舶の燃料消費量やCO2排出量の削減効果を予測するツールと、予測に必要な大量データを提供しています。

図表 5-11 「モノからコトへ」の変化やネット取引の拡大が影響を与え始めている

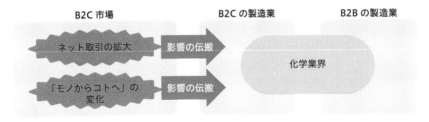

このツールは、船の形状やエンジンの仕様、運行予定などを入力すると、燃料の消費量やコスト、CO2の排出量を予測します。同時に、これらを削減するために最適な選定防汚塗料の種類や塗布計画などを提示し、船底防汚の費用対効果を明らかにします。塗料そのものではなく、塗料を塗ることで得られる船舶運用の燃費やCO2排出量の削減という、経営課題の解決を提案しているのです。

図表 5-12 AkzoNobel は船底防汚塗料のビジネスで、顧客の船の燃料消費量やCO2排出量の削減に寄与するサービスを提供している

直接の顧客や、顧客の顧客、最終顧客のニーズ、あるいは業務プロセスまで理解できれば、顧客が抱える課題を解決するような新製品の開発や現行製品の改良、あるいは、複数製品／サービスを組み合わせた顧客起点のソリューションを生み出せる可能性が高まります。直接的に取引がある会社との連携を超えた、新たなサプライチェーンや最終消費者とのコミュニティ形成なども視野に入ってきます。

　最終顧客や顧客の業務プロセスなどを把握するための手段として期待される

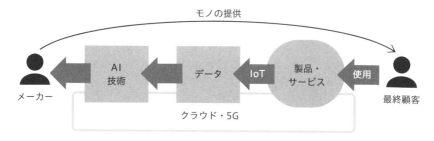

のが、2章で説明した AI（人工知能）や IoT（モノのインターネット）といったデジタル技術です。デジタル技術を活用することで、これまで取得できない、あるいは難しいと考えられてきたデータを取得できる環境が生まれてきています。

　対顧客にとどまらず、研究開発や業務オペレーションの分野でもデジタル技術の適用領域が広がっています。例えば IoT に関しては、これまでも生産プラントなどで活用してきました。ただ従来は、稼働状況をモニタリングし、異常が発生した際に原因を特定するといった用途が中心でした。そのデータを AI 技術を使って分析することで、異常が発生する前に、その予兆を検知できるようにもなります。

　新しいデジタル技術が登場したことで、テクノロジーの使い方も大きく変わってきました。1人1台を利用する PC やスマートフォンなどは、その代表例です。従来の大型で高価なコンピューターは、限られた人だけが利用したり、複数人が時間単位で切り替えながら利用したりするなど、決して身近な存在ではなかったのです。

図表 5-14 コンピューターの"日用品（コモディティ）化"が進み、短期間に乗り換えることは当たり前になった

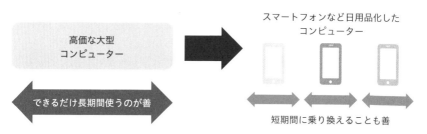

貴重な資源だったコンピューターシステムは、一度使い始めると、できるだけ長い期間、使い続けることを前提にしてきました。しかし、技術の進歩が速い領域では、短期間により良い環境に乗り換えていくことが当たり前になってきています。これはコンピューターに限らず、多くの製品／サービスにも当てはまります。

DX に向けた
企業の財産と方針

DX（デジタルトランスフォーメーション）への取り組みは、米 Amazon.com などに見られるように、新興企業のほうが有利に見えます。過去のしがらみや資産を気にすることなく、現状解決されていない課題を最新のデジタル技術を駆使して解決すればよいからです。小規模な新興企業ならではの意思決定や行動の迅速さもあります。

では既存の企業には強みはないのでしょうか。そんなことはありません。実世界において多くの顧客に対し製品／サービスを継続して改良しながら安定的に提供できていることは社会全体にとっても大きな財産だと言えます。

例えば MCHC グループにおいては、DX に取り組むに当たり自らの財産を改めて整理し確認しました。そして財産として、（1）過去から蓄積された膨大なデータ、（2）リアルな現場、（3）経営トップの変革への意志、（4）さまざまな事業と高度な専門家の 4 つを挙げています。いずれの企業／組織にも、同等あるいは、これら以上の財産があるはずです。こうした財産は新興企業は望んでも即座には獲得できません。

既存企業が DX に取り組むに当たっては、まずは自らの財産を再定義するとともに、その貴重な財産を生かしながら、リアルな世界とサイバーな世界を相互

図表 5-15 MCHC グループが持つ 4 つの貴重な財産

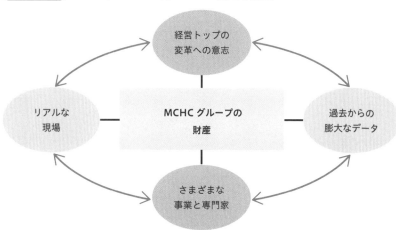

に作用させながら、新たなビジネスを創出したり、組織風土に変革をもたらしたりすることが重要です。

　貴重な財産の再定義と併せて重要なのが、組織として DX を実践するうえで何に取り組むのか、何を整備していくのかを明確にすることです。DX のビジョン／方向性とも言えます。

　こうしたビジョン／方向性がなければ、よく指摘されるように「トップは DX を強調するだけで内容は現場任せ」「AI／IoT を導入することが目的になっている」「事業部別などの個別最適から抜け出せない」といったことになってしまうでしょう。

図表 5-16 MCHC グループが掲げる DX における 5 つの注力分野

MCHC グループの **5** つのポートフォリオ

① オペレーショナルエクセレンス

② デジタルビジネスモデル

③ デジタルパラダイム

④ ① ～ ③ を支える全社共通インフラ基盤

⑤ デジタル変革に向けた組織・風土の変革

(1) オペレーショナル 　　 エクセレンス	日々の業務を遂行（運用）するに当たり、より高い品質やスピード、より適切なコスト、より安全な現場などを実現するとともに、「常により良い業務プロセスを追求する」という考え方を現場に定着させるための仕組みです。データをビジネス価値に変え、あらゆる業務における自動化と最適化、判断の高度化の実現を目指します
(2) デジタルビジネス 　　 モデル	デジタル技術が持つ価値や、その適用に向けた MCHC の考え方を取り入れた仕組み（製品やサービスによって利益を生み出すための事業戦略および収益構造など）です。顧客接点とビジネスエコシステムに変革をもたらす、ソリューション・ビジネスモデルを創出します
(3) デジタル 　　 パラダイム	社会と企業に大きな変化をもたらす革新的な技術の探索や開発、およびそれらの業務への適用です。さらには、新技術がもたらす新しい事業環境への適応を図ります
(4) 共通ツール、 　　 サービス基盤、知見	部門や組織を超えて、データやアプリケーション、サービスそのもの、およびそれらと関連する知見を共有し、相互に利用可能とするツールや基盤です
(5) デジタル変革に向け 　　 た人材育成、組織・ 　　 風土改革	上記の (1) ～ (4) を実現するための人材育成、組織・風土の変革への取り組みです

MCHC グループでは注力分野として以下の 5 つを挙げています。（1）オペレーショナルエクセレンス、（2）デジタルビジネスモデル、（3）デジタルパラダイム、（4）それらを支える共通ツール、サービス基盤、知見、（5）デジタル変革に向けた人材育成、組織・風土改革です。

　さらに 2021 年 2 月には、MCHC グループ全体の「DX グランドデザイン」の骨子を公開しました。DX ビジョンや今後重要になる分野を掲げています。

　各企業／組織によって、どんなビジョンを掲げるのか、何に注力するのかはさまざまでしょう。しかし、そうした方向性を持ったうえで、より具体的な施策に落とし込み実行していくことが重要です。

DX 推進に向けた経営層／意思決定層の意識改革

　将来に向けて今こそ DX（デジタルトランスフォーメーション）へ取り組むべきだ——。こうした思いは誰もが抱いているはずです。その取り組みを会社や組織全体で推進するためには、経営層や各事業の意思決定層の DX に対する正しい認識と、DX 推進に対する強いコミットメントが不可欠です。

　経営層／意思決定層は高いアンテナを張り、DX の重要性は十分に理解しているはずです。ただ DX が難しいのは、ビジネス的な判断だけでなく、日進月歩で進化しているデジタル技術についても、その意味するところを理解する必要があることです。デジタル技術が実ビジネスにどのように適用できるのか、デジタル技術が自らのビジネスに与える影響は、などを実感できて初めて DX にコミットできるはずです。

　MCHC グループの場合は、経営層／意思決定層にデジタル技術を中心とした理解を支援するために「デジタルプレイブック」と「デジタルテクノロジーアウトルック」という 2 つの文書を作成し提供しています。グルーバル企業であれば、英語版なども作成し海外の関係各社の経営層などとも共有する必要があるでしょう。それぞれの概要を説明します。

■「デジタルプレイブック」

　デジタルプレイブックは、EC（電子商取引）から業務オペレーションの最適化、顧客への価値提供まで、新たなデジタルビジネスモデルを作るための"型"となる構成要素を先行各社の事例などを含め解説したものです。

図表 5-17　プレイブックは「ビジネスに勝つための戦略本」として、組織全体が共有すべきもの

プレイブック

ビジネスに勝つための
戦略本

判断や行動の拠り所
組 織

2021 年 3 月時点では、13 個のデジタルプレイがあります。例えば、「業務プロセスの可視化に関するデジタルプレイ」は、社内のサプライチェーンを可視化することでビジネスプロセスの高度化を図るものです。

こうしたデジタルプレイは、「顧客体験の変革による新たな付加価値の創出」「サービス領域へのビジネスモデル変革」「製品デザインの進化」「ケイパビリティ＆プロセスの拡張」の 4 領域に配置されています。

各デジタルプレイについては、(1) 定義、(2) 求められる背景、(3) 業界における主要事例、(4) 自社への示唆、(5) 効果が期待できる事業領域や事業特性、(6) 乗り越えなければならないハードル、(7) 導入に向けてまず考えるべきことを記載しています。

図表 5-18 デジタルプレイでは 7 つの要素を明示

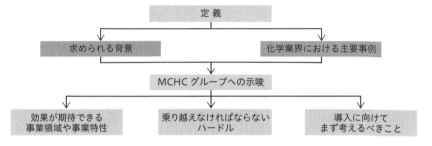

これらのデジタルプレイは、それぞれに単独に取り組むだけでなく、これらを組み合わせることで、より新たなビジネスモデルが生まれる可能性があります。MCHC グループではデジタルプレイブックを、各事業部が、さらなる創造力を働かせるための "部品集" に位置付けています。

ちなみに「プレイブック」とは、各社の経験や英知に基づく "定石" が示された「戦略集」の意味です。ビジネスにおけるプレイブックは「ビジネスに勝つための戦略本」であり、組織全体が共有し判断や行動の拠り所になるものです。

■「デジタルテクノロジーアウトルック」

デジタルテクノロジーアウトルックは、最新技術の概要や考え方を紹介し、それらが会社や業界、社会にどう影響するかを解説した冊子です。

IT ベンダーなどが毎年の始まりに「今年重要なテクノロジー」などとして発表

「デジタルテクノロジーアウトルック」は最新技術が会社にとって価値を生むのかを経営層などに伝えるための"メソッド"

テクノロジー

"肌感覚"を持った理解

技術の概要やその価値

Digital
Technology
Outlook

経営層

デジタル時代の
意思決定

しているのを目にしたことがあるかもしれません。メディアなどに登場し始めた最新技術などについて、なぜ重要なのか、それが自社や業界、そして社会にどんな影響を与えそうなのかなどが整理されています。

そうした専門家の知見を参考にすることは重要ですが、自社のビジネスに照らし合わせた場合、どのテクノロジーがより重要なのかを経営層／意思決定層に伝えるには、独自のテクノロジーアウトルックを作成することも有効でしょう。経営層／意思決定層は、より"肌感覚"を持って DX に向けた意思決定を下せるようになるはずです。

MCHC グループが 2018 年度に作成したデジタルテクノロジーアウトルックでは、機械学習やブロックチェーン、量子コンピューティングなど 10 の技術を取り上げました。加えて、それぞれが自社にとって、どれだけ重要なのかを明確にするため、「非常に重要」「継続的に観察」など立ち位置も示しています。

図表 5-20 2020 年度のデジタルテクノロジーアウトルックが取り上げた 10 のデジタル技術。2020 年に内容を更新

❶ 人工知能	❻ Internet of Things (IoT)
❷ 機械学習／深層学習	❼ ブロックチェーン
❸ テキストマイニング	❽ Robotic Process Automation (RPA)
❹ マテリアルズ・インフォマティクス	❾ 高性能コンピューティング (HPC)
❺ クラウドコンピューティング	❿ 量子コンピューティング

2018 年度版のデジタルテクノロジーアウトルックは 2020 年度に、その内容を最新の情報に基づく最新版に更新しています。デジタルプレイブックも同様です。デジタル技術を対象にした各種文書は、テクノロジーの日進月歩の変化

に追従して、常に最新状態に保たなければなりません。

　自社にとってどんなデジタル技術の活用方法があるのか、デジタル技術がどのような方向に進化しようとしているのか、新たな技術はいつごろ実用化されそうなのか、こうしたことをウォッチすることも企業／組織がDXに取り組むためには必要不可欠です。

　MCHCグループでは、こうした文書の作成も、CDO（最高デジタル責任者）が統括する先端技術・事業開発室内にある「デジタルトランスフォーメーショングループ（DXG）」が、各事業会社のDX関連組織と連携しながら、取りまとめています。

30 組織が求める人材像

DX（デジタルトランスフォーメーション）を企業／組織として推進するためには、経営層や DX 推進部隊が旗を振るだけでは不十分です。

全社的な取り組みに発展させるためには、企業／組織のビジョンに併せて、スタッフ 1 人ひとりが果たすべき役割、企業が求める人材像を定める必要があります。さらに、そうした人材が育つような環境作りも不可欠です。そうした人材が活躍することで、DX が特別な取り組みではなくなり、真のデジタル活用が可能になるのです。

MCHC グループでは、DX の遂行に必要なデジタルに強い人材像として（1）ベース層、（2）コア層、（3）トップ層の 3 つを分類・定義しています。いずれの層においても、「ビジネス力」「デジタル技術力」「エンジニアリング力」の 3 つの能力とスキルを求めています。

図表 5-21 MCHC グループはデジタル人材像を（1）ベース層、（2）コア層、（3）トップ層の 3 つに分類している

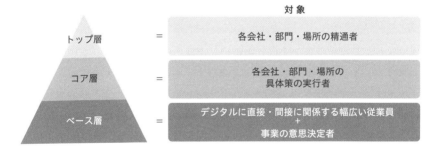

■ ベース層

ベース層は、日常の業務あるいは生活の中で、何らかの違和感（何かおかしい、こうしたほうがよいのではないかといった気付き）を持てる人材です。その違和感を他者に理解してもらい、周囲を巻き込むために「物事を構造化し、第三者に伝える力」を何よりも重要視しています。

デジタルに関するスキルとしては、表計算ソフトの「Excel」や BI ツールなど

を使って、自らの業務や組織の業務、会社全体の業務などで扱うデータを可視化したり、ドリルダウンなどの分析によって重要なファクト、つまり数値を抽出したりする力を求めています。データの分布から事業全体の傾向をとらえられることを目指します。

図表 5-22 ベース層に求められるビジネス力とデジタル技術力

	ビジネス力	デジタル技術力
ベース層人材	日常業務において、何らかの違和感を持てる力と、その違和感を他者に説明できる力（構造化し伝える）	表計算ソフト Excel や BI ツールを使って業務で扱うデータの可視化や重要なファクト（数値）を抽出できる力

社内外に、どのような DX 事例があるかにアンテナを張り、情報を自らインプットし、自発的に学ぶ姿勢が求められます。「私は技術者だからビジネスは関係ない」あるいは逆に「私は文系だからデジタル技術は分からない」などと決めつけず、日常業務において接するような、身近な事例やデータを常に観察する姿勢が大事です。

■ コア層

ベース層の気付きを吸い上げ、実現性と事業に対するインパクトを基に介入すべきプロジェクトを見極められる人材です。さらに、デジタル技術によって変化する業務のポイントや、ステークホルダーとの関係性の変化を把握し、変化後の業務が円滑に進行するよう関係者に納得してもらえるだけの説明能力が必要になります。

図表 5-23 コア層に求められるビジネス力とデジタル技術力

	ビジネス力	デジタル技術力
コア層人材	ベース層の気付きを吸い上げプロジェクトを見極める力 変化後の業務が円滑に進むよう関係者に説明できる力	データの関連性をより多次元にとらえ機械学習アルゴリズムの善し悪しを踏まえて各種の事象を調査できる力

デジタル技術力としては、大量で複雑なデータの関連性を多次元でとらえ、各種機械学習アルゴリズムの善し悪しを理解したうえで、各種事象を調査できる能力を求めています。

■ トップ層

コア層／ベース層が対処している各種課題から共通項を抜き出し、それを全社、さらには社会へと広く展開していく人材です。コア層／ベース層との対話を介して、新たなビジネスを企画・立案できる力が求められます。

図表 5-24　トップ層に求められるビジネス力とデジタル技術力

トップ層人材

ビジネス力

共通項を会社、社会へと展開する力
コア層 / ベース層との対話から新たな
ビジネスを企画・立案する力

デジタル技術力

コア層が持つデジタル技術では解決が
難しい課題を解決できる知見や実行
スキル

トップ層のデジタル技術力は、コア層では対処が難しい高度な技術を要する課題に対して、それを解決できるだけのデジタル技術に対する知見や実行スキルになります。世の中の最新技術の動向にも十分に目を配らなければなりません。

MCHC グループにおけるトップ層は、グループ各社の現場において、DX 推進を主導する立場にある人材です。ベース層からコア層、トップ層への育成過程の中で選抜するほか、グループ外からの採用も積極的に検討しています。実体験を普遍化する能力など、社内業務や社内教育だけでは身に付けられない力を取り入れる必要があるためです。

図表 5-25　トップ層人材を各会社・部門・拠点で育成する

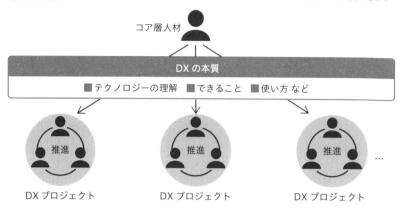

図表 5-26 コア層の人材は MCHC グループにおける DX 推進の中核を担う

コア層人材

DX の本質
■テクノロジーの理解　■できること　■使い方 など

推進　推進　推進　...

DX プロジェクト　DX プロジェクト　DX プロジェクト

　コア層が、MCHC グループの DX 推進を担う中核人材です。デジタル技術の本質を理解し、課題を適切に抽出・設定しながら、各現場における成果の刈り取りを主体的に進めることが期待されます。

　このように DX を推進するに当たり企業や組織が求めるのは、ビジネスや社会に向けた新たな価値を自らの意思で自律的に打ち出せる人材です。

　だからといって、その育成も個人任せというわけには行きません。労働人口が減少し"働き手"の獲得が難しくなる今後は、その企業／組織において、どれだけ成長できるのかは、働き手にとっては大きな判断基準の１つです。

　求める人材像の定義に合わせて、種々の人材育成策を整備する必要があります。MCHC グループでは「デジタルユニバーシティー」を設立し、グループ内での人材育成に取り組んでいます。

　デジタルユニバーシティーは、データサイエンティストを含め、DX に取り組む人材を育成するために企業として推進しているものです。人材育成のステップに合わせて、e ラーニングや集中コースなどを用意しています。

　もちろん同じ企業／組織グループでも、部門や職種、仕事の内容によって DX の取り組み内容は大きく異なります。そのため、汎用的な人材育成策だけでは、すべてはカバーできないでしょう。そうしたニーズに対しては社内外のリソースを最大限に活用し、必要な知識やスキルを身に付けられる環境を整備する必要があります。

知恵のコミュニティを形成する

　人材像を定め、そうした人材が育ったとしても、個々人のスキルや活動にとどまっていては企業／組織全体の取り組みには成長しません。個々人の知識やスキル、経験を組織として集積を図る必要があります。

　集積する方法の1つのが、コミュニティの形成です。重要なテーマごとに人材や知見を集める「Center of Excellence (CoE)」が、その一例です。テーマ別に専門的な人材を配置し、各種の DX の取り組みを支援することで、より新しい知見を集約し、次の実ビジネスへ適用するためのノウハウを蓄積していきます。

　MCHC グループでは、データサイエンティストのネットワーク活動である「Data Scientist Network」のほか、「テキストマイニング CoE」「マテリアルズ・インフォマティクス CoE」「数理最適化 CoE」「画像解析 CoE」など複数の CoE を置いて、それぞれが組織の境界を超えて活動しています。

　さらに、CoE などの取り組みをプロジェクト単位の経験に終わらせず、他のプロジェクトや他部門でも共有・利用できるようにしていく必要もあります。

　そのために、例えば MCHC グループでは、「デジタルプロジェクトレシピ」「デジタル成熟度インデックス」「機械学習プロジェクトキャンバス」などを作成しグループ内で共有を図っています。

■ デジタルプロジェクトレシピ

　さまざまなプロジェクトの経験や要素技術を方法論として共通化しコミュニティで共有できるようにしたものです。画像解析やテキスト解析など技術的な要素ごとの知見、あるいはそれを抽象化したパターンを生み出していくことを目的にしています。

■ デジタル成熟度インデックス

　DX 戦略、人材育成計画、ブランディング、メガトレンドの理解など 13 項目について、それぞれの到達度を自己診断するための指標です。自らが評価することで認知と理解を深められるようになります。データを全社的に集めることで、会

社の強みや弱みを把握したり全社的な施策につなげたりが可能になります。

■ 機械学習プロジェクトキャンバス

機械学習で課題を解決する際の要点をまとめた DX のための新しいフレームワークです。各種プロジェクトから得られた知見を基に、機械学習に関するプロジェクトの推進において検討が必要な項目を 12 の要素に分け、それぞれが有機的に連動していることを視覚的に表現しています。

例えば上司から「うちの会社でも『DX をやれ』と社長に言われた。社内にデータはあるはずだから何か始めろ」と指示されたとしましょう。確かに、データがあれば、そのデータに機械学習ツールを適用すれば何かしらの分析結果を出すことは可能です。

しかし、そもそもプロジェクトの目的（どんな課題を解こうとしているのか）や、何が成功の基準か（例えば人間の作業量を 50% 削減する）、運用段階に入れば誰がメンテナンスするのか、といったことを予め考えておかなければ、プロジェクトを始動したものの「成果が出ない」「実運用に持っていけない」という結果に陥ります。

そうした際に機械学習プロジェクトキャンバスを使えば、プロジェクトの成功に必要な要素を過不足なく検討できます。機械学習プロジェクトキャンバスは社外にも無償で公開しています。是非、使ってみてください。

図表 5-27 MCHC グループが作成・公開する「機械学習プロジェクトキャンバス」

DX に取り組むに当たり 考えておくべき 社会との関係性

6章では、DX（デジタルトランスフォーメーション）が社会への広がりを見せる中で、私たち「人間」に求められる行動や考え方を説明します。

1章から5章で学んできたように、DX はデジタルテクノロジーを活用し、日々の業務や暮らしをより良くすること、さらには新しいビジネスや社会サービスを"顧客視点"で創造することでした。みなさんが考えた解決策は今後、社会に広がっていき、リアルな社会のあり方を大きく変えていく可能性があります。

それだけに私たちは、製品やサービスそのものを DX でどう実現していくかに加えて、リアルな社会との具体的な関わり方をも視野に入れておく必要があります。

社会に広がる
DX〜xTech の実例〜

1章で、Amazon.com や Uber 同様の動きが金融など他業種にも広がっており、それらが「FinTech」や「AgriTech」「MediTech」「TransTech」などと呼ばれていると紹介しました。以下では、これら xTech のいくつかを紹介します。

■ FinTech（金融）
金融機関を介さない"お金の流れ"も誕生

キャッシュレス化が進行しているように、お金に絡む新サービスが増えています。日本では 2015 年ごろから FinTech への取り組みが一気に本格化しました。金融庁や日本銀行による議論や法整備も進み、メガバンクが FinTech 専用部署を設置したり、各種サービスを投入したりしています。

FinTech は当初、携帯電話やインターネットを使った発展途上国での新たな金融サービスとしてスタートし、金融機関を介さない"お金の流れ"を生み出しました。ケニアの「M-Pesa」やフィリピンの「G-Cash」といった小口送金サービスです。

これらサービスは、SMS（ショートメッセージサービス）を使って口座番号や送金額などをやり取りし、現地の引換所などで現金化を図ります。利用者間で、お金の動きを相殺し、実際には海外に送金しないといった形にすることで手数料を抑えています。

中堅・中小企業を対象に新たな融資サービスを開発した米 Kabbage といった企業もあります。過去の取引実績や保有資産を元に融資を審査するのではなく、日常的なオンラインでの取引データから"今"のビジネス状況を把握し、融資を判断する仕組みを生み出しました。

この考え方は今では、個人の信用度にも適用され、オンラインショッピングなど種々の行動データに基づいて数値で示す「スコアリング」に発展しています。

さらに FinTech 分野での大きな動きとして、「bitcoin」に代表される仮想通貨（暗号通貨）が挙げられます。仮想通貨は、分散型台帳を実現するブロックチェーン技術を使ったアプリケーションの1つです。

最近では、仮想通貨自体のみならず、仮想通貨を使った資金調達法 ICO（Initial

審査の基準は過去の実績から、現在の活動状況、および、そこから予測される将来性に広がりつつある

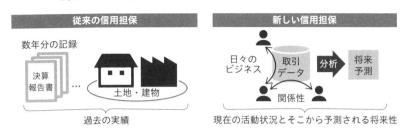

Coin Offering）も注目されています。これらはセキュリティの不備を突かれ仮想通貨が盗まれるなど社会問題を引き起こしてもいます。

　金融業は各国の規制なども厳しく、海外の動きが国内にすぐに反映されるわけではありません。ですが Fintech は、金融機関が信用の拠り所にしてきた過去の実績を「現在の活動」に置き換えたり、金融機関を経由しないお金の流れを生み出したりと、業界を揺さぶり続けているのです。

■ AgriTech（農業）

データを活用し農業の高度化・高付加価値化を図る

　AgriTech は、これまで IT（情報技術）が積極的に利用されてこなかった分野におけるテクノロジー活用の代表例の１つです。

　畜産業や水産業などの第 1 次産業を対象にした取り組みも AgriTech に分類されるケースもあります。いずれも、高齢化や後継者不足により、その継続が危

図表 6-2　「経験と勘」に依存してきた農業をテクノロジーで変える AgriTech

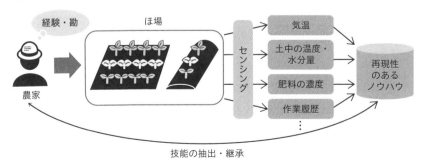

ぶまれるなど、生産性や事業性の向上が強く望まれています。

　第1次産業は、日本では特に「経験と勘」に依存する傾向が強かった業種です。そこにデジタルテクノロジーを適用し、栽培の管理や収穫時期の適正化による収益向上といった取り組みが進んでいます。いつ、どんな肥料を、どれくらい与えたのかなどの作業内容をデータとして記録することで、製造業における生産管理のような工業化を実現します。

　AgriTechの対象は、生産現場にとどまりません。産地から最終消費者までの流通や、市場に対するマーケティング、オンライン販売などへも広がっています。AI（人工知能）技術を使って市場価格を予測する動きもあります。今後は、自動運転で動く耕耘機などと連動した農作業の実現といったことも起こってくるでしょう。

図表 6-3 AgriTechの対象は生産現場にとどまらない。生産者から最終消費者までを結ぶすべての領域が対象になる

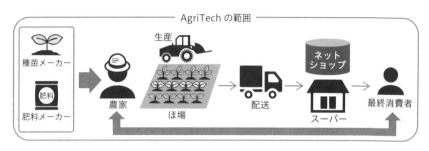

　農業は、私たちの食を支える産業です。安心・安全なことに加え、安定的な供給や適度な価格も求められます。一方で天候などに大きく左右される事業でもあります。AgriTechは、これらの課題を解決すると同時に、食や栄養に関する私たちの考え方も変えていくかもしれません。

■ TransTech（交通）

クルマではなく"移動"というサービスを売る

　TransTechは、交通や輸送に関する取り組みの総称です。交通分野において最近は「MaaS（Mobility as a Service）」というキーワードが多用されています。

　MaaSは、移動に関するサービスを指しており、Uberの配車サービスやクルマや自転車を共有するシェアリングサービスなどが代表例です。

さらに MaaS では、鉄道やバスなどの公共機関を含めた複数の移動手段を組み合わせて、A 地点から B 地点までの移動を最適化するサービスの模索が始まっています。すでにフィンランドでは、MaaS Global が提供する「Whim」において、一定のエリア内ではバスや電車など対象の移動手段は乗り放題といったサービスが実現されています。

図表 6-4 クルマを売らずに"移動"サービスを提供する

　自動車業界では MaaS に並び「CASE」というキーワードも注目されています。CASE は「Connected（ネット接続）」「Autonomous（自動化）」「Shared（共有）」「Electric（電動化）」の頭文字を取ったもので、クルマを個々人が購入し自分で運転して移動するという概念を大きく変えるとされています。

図表 6-5 「CASE」が自動車業界に変革を迫る

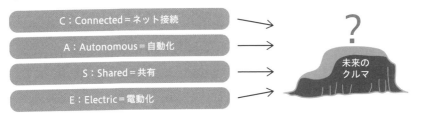

　実際、クルマが自動運転になれば、運転手不在の移動や輸送の手段が登場します。トヨタ自動車は自動運転車のコンセプトカー「e パレット」を提示しているほか、ソフトバンクと共同で MaaS 専門会社 MONET Technologies を立ち上げました。

　ヤマト運輸は DeNA と共同で、自動運転車を使って荷物を好きな場所で受け取れる「ロボネコヤマト」を実験しています。

　TransTech や MaaS は、電車やクルマの形そのものを変えていく可能性もあれば、それらで運ぶ対象も大きく変えようとしています。

■ MediTech（医療）／HealthTech（ヘルスケア）

医療とヘルスケアの融合が進む

　MediTech は、新薬や新たな治療方法の開発などに向けた取り組みです。遺伝子解析など医療分野は元々、最新技術が投入されてきましたし、電子カルテなど診察結果の電子化も進んでいます。

　それが最近は、スマートウォッチなどの登場で、日常生活における生体情報（バイタルデータ）も取得できるようになり、これまでにないデータに基づく研究も可能になってきました。

図表6-6 バイタルデータが医療のあり方を変えていく

これまで	これから
患者　病気の状態での診察　医師	就寝　起床　移動　活動　バイタルデータ　日常の様子　医師

　高血圧症や喫煙に対する治療では、病院での診察だけでなく、適切な薬の継続的な服用が重要となります。しかし、次の診察までは個人の取り組みに委ねられるため、途中で服薬を勝手に止めてしまうケースも少なくありません。

　これに対し、スマートフォン用アプリケーションを使って毎日の服薬を記録したり、飲み忘れを防いだりすることで継続性を確保する仕組みが登場しています。継続性の確保が確認できたアプリケーションを実際の薬と同様に扱うように薬事法が改定されています。

　一方の HealthTech は、健康を維持するための仕組みです。MediTech 同様、日常生活における生体情報を使って、体調変化を早期に検知したり、体調を維持するための活動を支援したりします。ストレスを軽減するための、めい想用スマホアプリなども登場しています。

　「健康」への関心は常に高いものです。特に先進国では高齢化に伴う医療費負担の高騰があり、社会課題にもなっています。そのため、病気を治療するだけでなく、病気にならないようにする取り組みへの期待が高まっています。

　また医師の不足や長時間労働を回避するために、在宅診療や遠隔診療などとの連携も始まることでしょう。

図表 6-7　バイタルデータを軸に医療とヘルスケアの境界があいまいに

MediTech と HealthTech が共通の生体情報を扱っているように、両者の境界は、ますますあいまいになってきています。

実際、製薬業界では「Around the Pill」「Beyond the Pill」をキーワードに、薬を処方する医師と、薬を服用する患者や、その家族を一体的にとらえる動きを強めています。Around the Pill は、医薬品事業の拡大に向けて、デジタル技術を活用する取り組みを指します。継続的な服薬をうながしたり、その薬で改善される体調上の指標を記録したりできるスマートフォン用アプリケーションの提供などが該当します。

一方の Beyond the Pill は、医薬品ではなく、デジタル技術を使って提供する製品／サービスによって新たな事業を形成する取り組みです。病気にならないように散歩や家族との対話をうながしたり、もしものときに備えた保険商品を提供したりといったサービスが考えられています。

Around the Pill、Beyond the Pill のいずれにおいても、「患者 1 人ひとりに最適化した医療」という考え方が前提にあります。新たな医療の実現に向けては、単に患者への製品／サービスの提供だけでなく、診察・治療に携わる医療関係者や、共に暮らす家族とも、各種の最新情報や製品／サービスを共有することの重要性が、ますます高まっているのです。

Lesson

33

国家戦略としての
DX の取り組み

　DX の基礎知識として、産業界の取り組みを例に説明してきました。しかし、DX の取り組みは、国家戦略にも取り込まれています。

　Lesson6 で DX ではデータが重要だと説明しました。これを体系化した考え方に、「CPS（Cyber Physical System）」があります。米国の技術的優位性を生み出す国家戦略として登場しました。

　自動車や家電製品など、ものづくりの世界では、高品質の日本や、低価格な中国などの存在感が高まっていました。そこに、米国が得意とするソフトウェアやネットワークというテクノロジーを投入することで、製品の競争力を逆転しようと考え出されたのが CPS です。

図表 6-8 デジタルトランスフォーメーション（DX）のベースにある「CPS（Cyber Physical System：サイバーフィジカルシステム）」は米国の国家戦略として誕生した

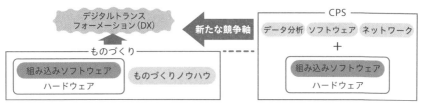

　この CPS の概念を製造業に適用した取り組みが「Industrial Internet」です。米GE（General Electric）が 2012 年に主導して立ち上げた構想です。その後は複数企業が参加する「Industrial Internet Consortium（IIC）」として活動しています。

　IIC に並んで日本でも広く知られるのが、ドイツ政府が産官学連携で取り組むプロジェクト「Industry 4.0」です。シーメンス（Siemens）やボッシュ（Bosch）、フォルクスワーゲン（Volkswagen）などドイツを代表する製造業が参画しています。

　同コンセプトを取りまとめたのは、ドイツ工学アカデミー評議会議長のヘニング・カガーマン博士ですが、同氏は ERP（統合基幹業務システム）ソフトウェア最大手である独 SAP の元社長でもあります。

　Industry 4.0 は、日本では「スマートファクトリー」など工場の生産改革のイ

Industry 4.0 では、製造現場のバリューチェーンのためのプラットフォームを構築する

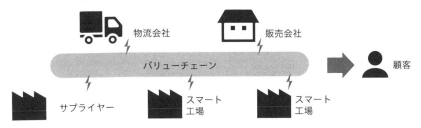

メージが強く伝わっています。しかし、その目標は、多様化する消費ニーズに合わせた製品／サービスを提供するための新しいバリューチェーンの構築にあります。

消費者から製造現場、そこに必要なサプライヤーまでをつなぐプラットフォームの構築が狙いです。

2019 年には、独 BMW やフォルクスワーゲンが Industry 4.0 に準拠したプラットフォームを稼働させました。その後も、同プラットフォームを利用した工場やサプライチェーンの仕組みの刷新を続けています。

ドイツでは、Industry 4.0 以前に、デジタル化の包括的な基本戦略として「Digital Germany 2015」を 2010 年に閣議決定しています。デジタル基盤上にビジネスや社会を構築するのが目標です。

IIC や Industry 4.0 に並ぶ日本のコンセプトとして経済産業省は、「Connected Industries」を 2017 年 3 月に発表しています。

「Connected（つながった）」が示すように、さまざまな業種や企業、人、機械、データなどをつなげることで、少子高齢化、省エネルギーといった社会課題の

図表 6-10　日本の「Connected Industries」は、5 つの重点取り組み分野を挙げる

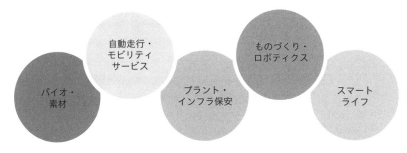

図表 6-11 日本の再興戦略である「Society 5.0（超スマート社会）」は、2050年ごろの社会の"あるべき姿"を描く

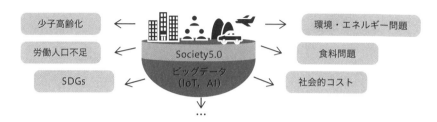

解決と、産業競争力の強化を目指します。

重点取り組み分野として、(1) 自動走行・モビリティサービス、(2) ものづくり・ロボティクス、(3) バイオ・素材、(4) プラント・インフラ保安、(5) スマートライフの5つを挙げています。

Connected Industries の先にあるのが、日本の再興戦略である「Society 5.0（超スマート社会）」です。2050年ごろの社会の"あるべき姿"に向けて、2030年をメドに具体的な社会サービスを実現するのが目標です。

Society 5.0 は、2016年1月に閣議決定された「第5期科学技術基本計画」においては、次のように定義されています。科学技術基本計画は、政府が5年おきに策定する科学技術の振興計画です。

「必要なもの・サービスを、必要な人に、必要なときに、必要なだけ提供し、社会のさまざまなニーズにきめ細かに対応でき、あらゆる人が質の高いサービスを受けられ、年齢、性別、地域、言語といったさまざまな違いを乗り越え、活き活きと快適に暮らすことのできる社会」

この定義において「サービスの提供」という考え方が重視されています。

図表 6-12 「Society 5.0」は、狩猟社会、農耕社会、工業社会、情報社会に続く第5の社会

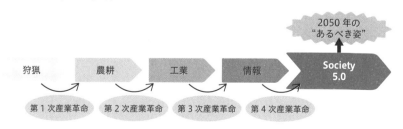

Chapter 06 　 DXに取り組むに当たり考えておくべき社会との関係性

なお「5.0」というバージョン番号は、狩猟社会を「バージョン1.0」とし、農耕社会（バージョン2.0）、工業社会（同3.0）、そして情報社会（同4.0）に続く、次の社会を意味しています。

　コンピューターによる産業改革は、蒸気機関・機械化、電力・電気に続く「第3次産業革命」と呼ばれており、デジタル技術を活用した産業改革は「第4次産業革命」とされています。Society 5.0は、第4次産業革命によって導かれる社会です。

34 シンギュラリティ（技術的特異点）が問う人の役割

　DXは、私たちの暮らしや社会にデジタル技術を活用することで新たな価値を生み出す取り組みです。そのデジタル技術に関しては「シンギュラリティ（Technological Singularity：技術的特異点）」という考え方があります。

　シンギュラリティとは、テクノロジーが発展していく過程で、これまでの歴史的観点から予測できる機能や性能を超え、人類の想像も及ばない未来が訪れる転換期のことです。技術の将来的な発展を正確に予測できなくなることから"技術的特異点"と呼ばれています。

　シンギュラリティという言葉が多用されるようになったのは、2010年代に機械学習を中心としたAI（人工知能）に関する技術が急速に発展してきたためです。

　「コンピューターはしばらくの間は人間には勝てない」とされていた囲碁の世界で、米Google傘下の英DeepMindが開発した囲碁AI「AlphaGo」が世界チャンピオンに勝利したことなどもあり、「AIが人の仕事を奪う」「AIが暴走すれば社会が滅亡する」など、AI技術を擬人化し、あたかも人間同士の争いであるかのような議論が盛んになりました。そして同時に「シンギュラリティ」が注目されるようになったのです。

図表 6-13 シンギュラリティはテクノロジーが進化する過程で、技術の将来的な発展を正確に予測できなくなる転換期を指す

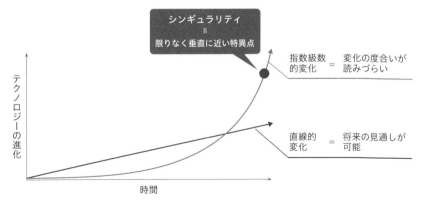

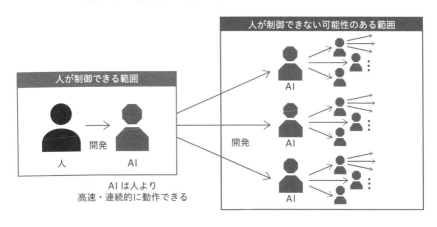

図表 6-14 AIシステムがAIシステムを開発するようになれば、AIシステムは"爆発的"に発達すると考えられる

人が制御できない可能性のある範囲

人が制御できる範囲

人 → AI
開発

AIは人より
高速・連続的に動作できる

AI
開発
AI
AI

　シンギュラリティの考え方を世に広めたのは、未来学者のレイ・カーツワイル氏です。2005年に発行した著作で「シンギュラリティは近い。2045年に起こる」と著しました。その前提は、「AI技術を使ったシステムが人間の知性を超え、自らが考え行動し、AIシステムがAIシステムを開発するようになる」ということです。

　AIシステムの開発を人間ではなくコンピューターが制御する結果、AI技術が"爆発的"に発達し、人間と機械を明確には区別できなくなるとしています。

　カーツワイル氏がシンギュラリティの根拠にしているのは、「テクノロジーが指数級数的に成長することで、それに基づく変化が訪れるまでの時間の間隔は加速度的に短くなる」という考え方です。これを「収穫加速の法則」と呼びます。これにより、より強力なコンピューターの能力が安価に利用でき、結果、AIも"爆発的"に進化するというわけです。

　ちなみにカーツワイル氏は発明家でもあり、OCR（Optical Character Reader）ソフトウェアや、シンセサイザー、文章読み上げ装置などを発明しています。

　ユダヤ系米国人の同氏は、12歳のときにコンピューターに触れて以来、統計分析や作曲のプログラムを開発。マサチューセッツ工科大学（MIT）在学中の20歳のときに起業し、その会社を10万ドル（約1200万円）で売却しています。今で言えば、スタートアップ企業を興した天才的プログラマーです。

　もちろん、シンギュラリティには懐疑論や反対論があります。コンピューターの処理能力の指数級数的な成長は間もなく止まる、人間に相当するような「汎

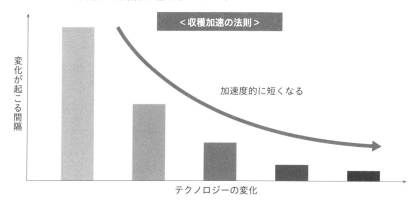

図表 6-15 「収穫加速の法則」では、テクノロジーの指数級数的な成長により変化が起こる間隔は短くなっていく

＜収穫加速の法則＞

変化が起こる間隔

加速度的に短くなる

テクノロジーの変化

用 AI」や、「強い AI」などの開発は相当に困難であり、現実世界の課題を解決するためにはコンピューターの処理能力や消費電力などの観点から非効率である、などです。AI 技術を活用するために必要なデータを集め切れないという指摘もあります。

　一方で、「AI が人の仕事を奪う」という見方に対しても「奪われる／なくなるのは仕事ではなくタスク（一部の処理）である」や「AI 技術は人間の能力を拡張するための存在である」さらには「AI 技術の進化により、新たな雇用が生み出される」という意見も強まっています。

　計算能力や記憶能力など個別の能力を単純比較すればコンピューター／AI はすでに人間の能力を上回っていると言えます。そうした能力を使いこなすことで人間は、単純労働から解放され、より創造的な仕事に従事するようになることでしょう。

　科学技術や先端テクノロジーが人類や社会に大きな影響を与えることは間違

図表 6-16 AI 技術は「人の能力を拡張する」存在に

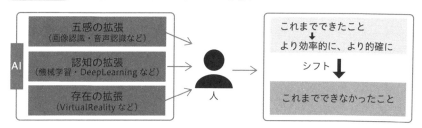

いがありません。自動車などの内燃機関や化学薬品、原子力などなど、上手く使えば社会に貢献するものの、適用や運用によっては人や社会を破壊する可能性は、いくらでもあります。

　デジタル技術を含むさまざまなテクノロジーが、ますます日常化する中で、テクノロジーとの新たな付き合い方が社会や企業、個人に対して問われています。そこでは、テクノロジーの利用者、開発者や研究者、社会学者、政府機関など立場が異なる、さまざまな人々が多様な見地からテクノロジーのあり方などを議論していく必要があります。

Citizen Programmer／Citizen Engineer の時代に

Citizen Programmer／Citizen Engineer とは、「誰もがプログラマー／エンジニアである」ということです。「Citizen Developer（誰もが開発者）」という呼び方もあります。

開発対象にソフトウェアを想定しているのか、ハードウェアやシステムなどを想定しているのかの違いがありますが、いずれにも共通しているのは「開発者は特別な専門家ではなく "Citizen（市民）" のように一般的な存在だ」あるいは「そんな存在になる」ということです。

図表 6-17 誰もがプログラマー／エンジニアになる時代が近づいている

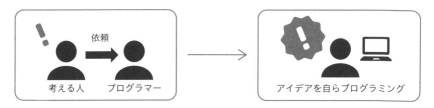

依頼

考える人　　プログラマー

アイデアを自らプログラミング

「プログラミングなんてできないし、その必要性も感じない」と思うかもしれません。実際、多くの人は Word や LINE といったソフトウェアを利用してはいても、それを開発してはいません。一方で、小学生のプログラマーや 80 歳を超えてもゲームソフトを開発している人もいます。彼らはみな特別なプログラミング能力の持ち主なのでしょうか。

プログラム開発が容易になっている背景には、2 章で学習したクラウドコンピューティングの普及と、それに伴うソフトウェアの重要性の高まりがあります。クラウドにより利用者は、コンピューター自体の仕組みや運用方法を気にすることなく、ソフトウェアを開発すれば、やりたいことが実現できるようになってきました。

そのソフトウェア開発も、ブロックを組み立てるように、予め用意された部品をつなげればソフトウェアが開発できるツールなど、プログラミング言語を一から学習しなくてもプログラムを開発できるビジュアルな開発環境の整備が進んでいます。

クラウドやビジュアルな開発環境の整備がプログラミングのハードル
を下げる

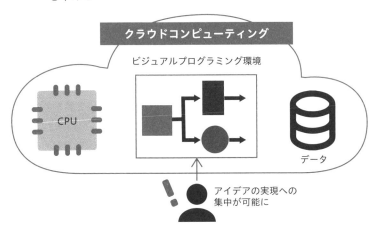

より短期間に、よりビジネス／サービスの起案者の考えどおりにソフトウェ
アを開発しようとすれば、起案者自身が開発するほうが効率的だからです。

プログラミングを「英語」に置き換えてみてください。グローバルビジネスに
おいて、もはや英語は欠くことができないツールです。みなさんの中にも「英語
はできる」という人は少なくないでしょうし、上手くなるために学習を続けてい
る人も多いことでしょう。

プログラミング言語も同様に、デジタルなビジネスやサービスを実行するコ
ンピューターと対話するためのツールとして身に付けるべき対象なのです。

Lesson14 で学んだように今後は、社会の仕組みもソフトウェアでコントロー
ルする時代になっていきます。そして新しいビジネスやサービスを提供するた
めには、それを実現するソフトウェアを開発しなければなりませんが、開発の
障壁は、ビジュアルな開発環境などの整備によって取り除かれつつあります。

図表 6-19 プログラミング言語は、ビジネスにおける英語と同様、デジタル化に
おける重要なツールになる

だからこそ "Citizen（市民）" なのです。

"Citizen（市民）" には、もう1つの意味があります。それは、開発者は社会に貢献する仕組みを開発する義務があるということです。市民が社会を円滑に運営するために一定の義務を負っているのと同じです。

ソフトウェアを開発することがビジネスや社会の新サービスになるのであれば、そのソフトウェアが悪意をもって開発されればどうなるでしょうか。

例えばサイバーセキュリティの分野では、情報を守ろうとするエンジニアと情報を奪い取ろうとするエンジニアが競い合っています。ソフトウェア化／デジタル化が進めば進むほど、このサイバーセキュリティ同様に、ビジネスや社会においても、開発者は社会に貢献する義務を負うことになるでしょう。

図表 6-20 同じ能力があっても、悪意をもって開発した仕組みは社会に悪影響を与える

プログラムで実現できることと、ビジネスや社会が求めていることは決して同義ではありません。誰もがプログラマーやエンジニアになる時代にあっては、自らもスキルを高めると同時に、プログラマー／エンジニアとして果たすべき役割も問われているのです。

Lesson
36 デジタルが求める倫理観

倫理 (ethic) とは、社会生活を送るうえでの一般的な決まりごと、または守るべき秩序のことです。つまり、私たちが社会において何らかの行動を取る際に、「それは善いことか、正しいことか」を判断するための基準になるものです。

よく似た言葉に「道徳 (moral)」があります。道徳が個人や家族などとの関係を含め、より内面的な行動の基準の意味合いが強いのに対し、倫理は、より社会性が強い基準だと言えます。

図表 6-21 倫理は、より社会性が強い行動の基準。道徳は、個人や家族、社会などに対する、より内面的な行動基準の意味合いが強い

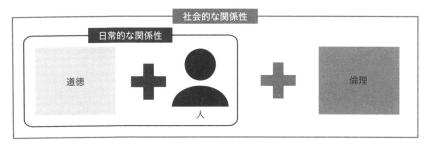

ではDXに倫理は、どう関係するのでしょうか。

すでにLesson34とLesson35でも触れたように、DX推進のテコであるデジタルテクノロジーや、それを機能させるプログラミングなどが持つリアルな社会への影響力が、ますます大きくなっていきます。

それだけに、それらを使って新しいビジネスや社会サービスを提供する私たちの取り組み姿勢にも、より社会性が求められ、そこに倫理観が求められるということです。

もう少し具体的に見ていきましょう。2章で学んだように、DXの中核には「デジタルツイン」が位置しています。リアルな社会の動きの写像となるデータ群です。

そこには、私たち個々人の行動履歴も含まれます。Webサイトで何を検索したのか、どんなページを見たのか、ECサイトでいつ何を買ったのか、クルマに乗ってどこに出掛けたのかといったデータです。そこにはプライバシーの問題が生じます。

個人情報としては、住所や性別、年齢、さらには各種サービスを利用するための ID とパスワードなどはすぐに思い付くでしょう。

　しかし先に挙げた各種の行動履歴などからは、その人の生活のすべてを把握することも可能です。EC サイトでのお薦め商品の提案や、ネット上の信用スコアなどは、こうしたデータの分析結果によるものです。ただ、これらはシステムやサービスを操作した記録であるため、利用者自身も意識していないかもしれません。

図表 6-22 デジタルツインには個人情報が含まれ、その扱いに注意する必要がある

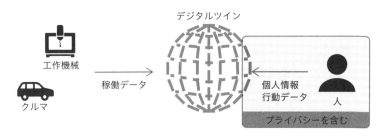

デジタルツイン

工作機械

クルマ

稼働データ →

← 個人情報 行動データ

人

プライバシーを含む

　しかし最近は、これら行動履歴の価値の認知が高まってきたことから、企業が一部データを、個人を特定できない形にして販売したり、複数企業でデータを利用する「情報銀行」という仕組みが登場したりしています。

　情報銀行などはデータを分析したい側には好都合な仕組みですが、データを分析される個々人にすれば、「どこまで自分のことが知られているのか」「私のデータで企業が儲けているのはいかがなものか」といった疑問や批判につながります。

　実際、「GAFA（ガーファ）= Google、Apple、Facebook、Amazon.com」など膨大なデータを持つ巨大な IT ベンダーに対して、こうした批判の声が強まり、種々のデータを取得していることの明示や、データの分析、第三者への提供に対する同意を得ることを明示するためのルール化が進んでいます。

　当初は「便利だ」として誰もが利用してきたサービスも、規模の拡大による影響力の大きさが認識されるにつれ、倫理的な観点からの見直しを迫られていると言えます。逆に見れば、それほどデジタルなサービスは社会に浸透してきたことの証です。

　ただ、新たな仕組みや概念なだけに、決定的な対応策は見出されておらず、

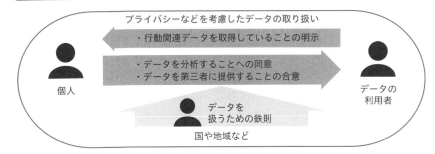

図表 6-23 個人情報を利用する際の作りは手探りの状態が続いている

手探りの状態が続いています。こうしたケースは、さまざまな領域で起こると予想されます。

　データ分析からはビジネスに有効なインサイト、洞察が得られます。そのために個人の情報を集めたいという要求も高まることでしょう。ですが個人情報やプライバシーに関するデータを、ルールを逸脱してまで利用することは、最終的に企業の信頼を損なうことにつながります。

　もう１つの例に AI 技術を用いたシステムによる判断基準や偏見などの問題があります。判断基準の例として有名なのが「トロッコ問題」です。

　「トロッコが進む先に切り替えポイントがあり、そのまま進めば５人をひいてしまうが、ポイントを切り替えると、ひいてしまう人数は１人になるとき、ポイントを切り替えるかどうか」というものです。

　「５人を救えるなら１人を犠牲にしてもよいのか」「どちらにしても人命が犠牲になるポイント切り替えを自分から行うのか？」といった疑問を投げ掛けています。自動運転車のハンドルをどう切るかといったシチュエーションにアレンジ

図表 6-24 倫理的な判断基準を問う「トロッコ問題」

されたりもしています。

　偏見の例としては、将来を予測するシステムにおいては過去のデータを分析することになりますが、その過去データが、例えば特定の人種に偏っていたとすれば、その予測システムは人種差別的な結果しか導き出せないかもしれません。

　先のトロッコ問題同様に、判断基準に将来に取得できる見込みの収入額を採用すれば、現在の平均年収では女性のほうが低いため、男性を優先的に助ける仕組みになってしまいます。

図表 6-25 AI では分析／学習するデータの偏りが偏見につながることがある

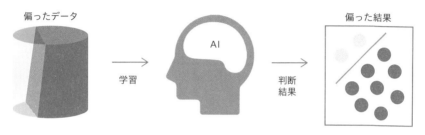

偏ったデータ

学習

AI

判断結果

偏った結果

　こうした AI 技術を用いたシステムが出力する結果への不安を解消するために、「なぜ、その結果を導き出したのか」を説明できる機能の実現が求められるようになってきているほか、AI 技術の研究開発において倫理学や哲学の専門家などを交える動きも広がっています。開発者に対するガイドラインなども公開されています。

　AI 技術に限ることではありませんが、デジタルの世界において、技術的にできることと、やっていいことを線引きする際には、法令遵守はもちろん、倫理観が問われるのです。

Lesson
37 SDGs と DX

「SDGs（Sustainable Development Goals：持続可能な開発目標）」とは、世界の継続的な成長を実現するために、2015年から2030年の間に解決すべき目標を示したものです。

掲げる目標は、貧困や飢餓、エネルギー、気候変動、平和的社会など17分野があり、それぞれに、より具体的な対象（ターゲット）が示されています。ターゲットの合計数は169に上ります。

SDGsは、米ニューヨークの国連本部で2015年9月25日〜27日に開かれた「国連持続可能な開発サミット」において、150超の加盟国が採択した『我々の世界を変革する：持続可能な開発のための2030アジェンダ』において掲げられました。

最近、ビジネスパーソンがスーツの左襟にカラフルなリング状のピンバッヂを着けた姿を目にする機会が増えています。このピンバッヂはSDGsのシンボルロゴであり、SDGsに取り組んでいることを示しています。

開発目標が貧困や飢餓、平和的社会などだと聞くと「日本では、あまり関係がない」と思われるかもしれません。しかし、例えば相対的貧困率、すなわち必要

図表 6-26 SDGsは世界の継続的な成長を実現するために17の開発分野を挙げる

SUSTAINABLE DEVELOPMENT G○ALS
世界を変えるための17の目標

Chapter 06 DXに取り組むに当たり考えておくべき社会との関係性

177

最低限の生活水準を維持できるだけの所得を得られていない絶対貧困者の割合は、先進国中で日本は下から2番目です。

2017年の世界経済フォーラムで公表された『世界ジェンダー・ギャップ報告書』では、男女差による不平等な状況の解消では日本は114位にとどまっています。あまり表面化していないかもしれませんが、SDGsの目標は、少子高齢化に伴う課題先進国である日本においても無視できない対象なのです。

SDGsと並んで注目されるキーワードに「ESG」があります。「Environment（環境）」「Social（社会）」「Governance（統治）」の頭文字を取ったもので、これら3つの視点から企業経営を評価しようとする取り組みです。

ESGを指標とした「ESG投資」も伸びています。世界全体の運用額は2018年に31兆ドル（3200兆円強）に上りました。ESG投資に積極的な欧州では、ESG投資が50％を超えていると言います。

図表 6-27 「ESG」は「Environment（環境）」「Social（社会）」「Governance（ガバナンス）」の頭文字を取ったもの。これら3つの視点から企業経営を評価する

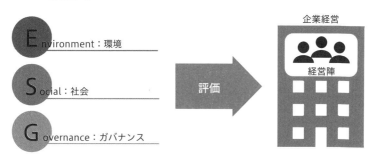

SDGsの前身は、2000年から2015年までの目標を掲げた「MDGs（Millennium Development Goals：ミレニアム開発目標）」でした。

そしてESG経営の前身は「環境経営」です。環境経営はCO2排出量の制限など環境への負荷に着目したもので、その推進力として「CSR（Corporate Social Responsibility：企業の社会的責任）」が強調されました。

MDGsがSDGsになり、環境経営がESG経営になった背景には、社会課題がより複雑かつ地球規模的になっていることと、ボランティア的な行動だけでは継続性（サスティナビリティ）の確保が難しいという現実があります。

そのためSDGsでは、企業が"本業"つまりビジネスとして社会課題を解決し、

そこから適切な利益を得ることで継続的な取り組みとして続くことを期待します。ESG 投資が社会性や組織としての統治が求められるのも、そのためです。

複雑化する社会課題の解決に持続的に取り組むためには、そのための資金も持続的でなければならない

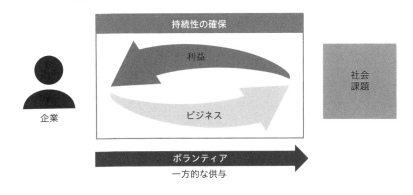

こうした考え方は CSR に対し「CSV（Creating Shared Value：共通価値の創造）」と呼びます。

CSR では企業による社会や環境を守る活動が求められたものの、その内容は本業との関係性は薄く、植樹やフェアトレード、打ち水やゴミ拾いなど"ボランティア"的な活動が中心でした。

これに対し CSV では企業がビジネスとして提供できる価値と社会が求める価値が合致することに重点が置かれています。

デジタルトランスフォーメーション（DX）は、新たなビジネスにより社会課題を継続的に解決していくための取り組みでもある

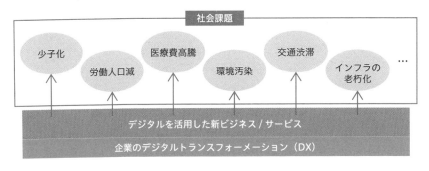

企業が取り組むデジタルトランスフォーメーション、DX においても、環境問題や人口問題など社会課題の解決とは無関係ではいられません。SDGs はむしろ、そうした領域での事業開発を求めています。

　これからの企業経営においては、新たなビジネスを立ち上げるためのイノベーティブな活動を経営戦略に合致させ、組織として行動し、中核事業へと育て上げていくことが、より強く求められていくのです。

あとがき

　本書『DXの教養』は、三菱ケミカルホールディングスグループ（三菱ケミカルHD）がDX（デジタルトランスフォーメーション）人材を育成するために実施している「デジタルユニバーシティー」において、グループ全社員を受講対象にしているeラーニング『DXの基礎』の内容を改編したものです。

　三菱ケミカルHDがeラーニング『DXの基礎』の受講対象をグループ全員にしている理由は、大きく2つあります。

　1つは、さまざまな事業変革や社会変革を起こしていく主体の重心が、デジタル技術を提供する企業から、その技術を利用する事業会社、つまりデジタル技術のユーザー企業に移りつつあるためです。

事業変革や社会変革を起こしていく主体の重心は、
技術を利用する事業会社に移りつつある

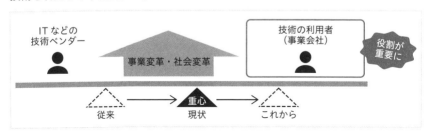

　ITなどテクノロジーへの投資が、国やビジネスにどんな影響を与えるかについては1990年代から米国を中心にかなり研究されてきています。そこで分かったことは、IT投資を単に増やすだけではダメで、風土や制度を変えて初めて大きな効果が得られるということです。

　本書の第5章で、三菱ケミカルHDはDXに取り組むに当たり、4つの財産を定義していると説明しました。その財産にもあるように、DXの根幹をなし変革を担う重要データの多くは、デジタルテクノロジーの利用者側にあります。リ

アルな現場があるからこそ、価値の高い新たな考え方や手法が生まれやすいはずです。

三菱ケミカルHDが社会変革の主体者として、どのように価値を生み出していくのかは、DX時代の企業の姿を示すロールモデルになると考えています。

全社員を受講対象にしている、もう1つの理由は、企業や個人のアカウンタビリティー（説明責任）が、より求められていることです。

企業や個人は、社会に受け入れられるための
アカウンタビリティー（説明責任）がある

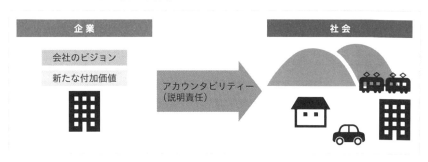

企業や個人は、社会から受け入れられ社会的責任を果たさなければ成り立っていかなくなりました。そこでは、「必要なことを教えてくれれば、技術やサービスを提供します」ということではなく、企業が、より主体的に、より良い姿をイメージし、そこに向けて新たな価値を創造できなければなりません。

そうした社会との関係を、1つの会社や部門、あるいは1人で築くことには当然、限界があります。社会は、色々な才能を持つ人が集まって成立しています。三菱ケミカルHDにも、さまざま才能を持つ人材が集まっています。今後は社外の人材を含めた、さまざまな人たちが有機的につながる「才能のエコシステム」を構築することがDXの推進には不可欠です。

才能のエコシステムは、単にデジタルの専門家が集まれば十分というものではありません。デジタル技術をビジネスや社会に適用するためには、事業領域における専門技術や生産技術は元より、人文・社会科学や倫理、法律などさまざまな観点からの議論が大事になります。

社会との関係を築くには、さまざま才能を持つ人材が
有機的につながる「才能のエコシステム」が不可欠

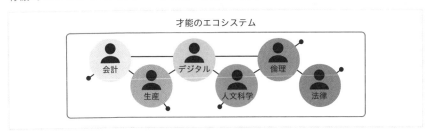

　そこでは、私たちが子供の頃に体験したことや学生時代に読んだ本の内容なども含めて、さまざまな経験・知見が必要です。そうした議論のための共通認識となるのがeラーニングの『DXの基礎』コースであり、それを基にした本書『DXの教養』なのです。

　DXの推進に当たっては、10年後に訪れる自分たちの世界を生み出すために、自身の専門性を磨き、それとデジタルの関係を考え、実行に移さなければなりません。継続的な学びは不可欠です。意思決定層は、自らも学ぶと同時にDXの推進者たちを信じ、彼らを後押しする必要があるでしょう。

10年後の社会を生み出すために、専門性を磨き、
デジタルの関係を考え、実行に移す。
そのDX推進者を意思決定層は信じ、彼らを後押しする必要がある

　DXは1年、2年で達成できるものでもなければ、一旦築き上げれば終わりというものでもありません。10年、20年と続く取り組みであり、そこに残るのは人、つまり私たちです。それぞれの立場でDXに取り組むに当たり、本書が、より多くの人々との議論に向けた共通の土台として活用されれば幸いです。

もちろん、本書がDXが求める教養のすべてを網羅しているわけではありません。今後も、新たなデジタル技術は日進月歩のごとく次々と生まれてくるでしょう。しかし、そうした中にあっても、本書で取り扱っているような「顧客起点でデジタル技術の活用を考える」といった本質的な部分は変わらないはずです。

　本書を土台とした議論の中から、そしてみなさんのDXへの取り組みの中から新たな"教養"が生まれてくることでしょう。そんなみなさんの知見が共有され織り重なることでDXへの取り組みが拡大し、新たな発想やビジネスモデルなどの創出につながれば、これほど嬉しいことはありません。

索引

著者紹介

志度 昌宏（しど・まさひろ）
『DIGITAL X（デジタルクロス）』（インプレス刊）編集長
「デジタルな未来を創造するためのメディア」である『DIGITAL X』を 2017 年 11 月に創刊。1985 年日経マグロウヒル社（現日経 BP 社）にて新卒で記者生活を始めて以来、一貫してビジネスや社会サービスの創造に向けたデジタル技術の活用やテクノロジーがもたらす価値をテーマに取材・情報発信に取り組んでいる。

三菱ケミカルホールディングス 先端技術・事業開発室

岩野 和生（いわの・かずお）
三菱ケミカルホールディングス フェロー、Ph.D.
2017 年に三菱ケミカルホールディングス 執行役員として、先端技術・事業開発室 初代 CDO（Chief Digital Officer）に就任し、DX をグループ全体に広げるための取り組みを推進。2020 年よりフェロー。1975 年日本アイ・ビー・エム入社、東京基礎研究所所長などを経て、三菱商事デジタル戦略部門顧問、科学技術振興機構 研究開発戦略センター 上席フェローなどを歴任。東京工業大学客員教授。

浦本 直彦（うらもと・なおひこ）
三菱ケミカルホールディングス 執行役員 CDO（Chief Digital Officer）、博士（工学）
2017 年に三菱ケミカルホールディングスに入社し DX の推進に取り組む。2020 年 4 月より執行役員 CDO に。1990 年日本アイ・ビー・エム入社、東京基礎研究所にて、自然言語処理、Web 技術、セキュリティ、クラウドなどの研究開発に従事したほか、クラウド開発担当、Bluemix Grage Tokyo の CTO を務める。2018 年 6 月～2020 年 6 月人工知能学会会長、現在九州大学客員教授を兼務。

赤塚 慎平（あかつか・しんぺい）
DX グループ テクノロジーチーム シニアデータサイエンティスト
専門は時系列データの活用（特に異常検知）とデータサイエンティストの育成。グループ内「デジタルユニバーシティ」の企画・推進に従事する傍ら、電気通信大学などで非常勤講師も務める。日鉄ソリューションズ在籍中に、社内外で 500 人以上が受講した教育プログラムの企画・推進をリードした。趣味は週末農家、収穫物の販売も手掛けている。

大軽 貴典（おおがる・たかのり）
DX グループ テクノロジーチーム チーフデータサイエンティスト、博士（薬学）
DX 人材育成とヘルスケア領域を中心とした DX 推進を担当。田辺三菱製薬ではケムインフォマティクスやバイオインフォマティクスを活用して創薬研究に従事してきた。趣味はドライブ。2 年ほど前よりダイエットを開始したが、自分との闘いに日々連戦連敗し卒業できないでいる。

文屋 信太郎（ぶんや・しんたろう）
DX グループ グループマネージャー、Ph.D.
三菱ケミカルホールディングスにおける DX 推進組織の立ち上げメンバーの 1 人。製造とビジネスの両領域におけるプロジェクトの企画・推進と、DX 推進組織の運営に従事。事業、組織・人、テクノロジーの 3 つの要素の変革を伴う DX により「KAITEKI 経営」への貢献を目指しながら、足下の課題と日々格闘中。

磯村 哲（いそむら・てつ）
DX グループ テクノロジーチーム リーダー、マテリアルズ・インフォマティクス CoE（Center of Excellence）リーダー、チーフコンサルタント／データサイエンティスト
素材産業からヘルスケアまで、データサイエンスを軸としたデジタルビジネス変革に従事。プロジェクト立案・遂行と共に、DX に関する方法論の考案もリード。各種講演や省庁の起業家育成事業など啓発活動にも携わっている。

中道 嵩行（なかみち・たかゆき）
DX グループ デジタルビジネスチーム リーダー、チーフビジネスアナリスト
ビジネスニーズの引き出し、デジタルシーズとの橋渡しを中心に、DX プロジェクトの組成・実行・支援に従事。人材育成も含めた DX 推進のための方法論の構築にも注力している。

本書のご感想をぜひお寄せください

https://book.impress.co.jp/books/1120101132

読者登録サービス
CLUB impress

アンケート回答者の中から、抽選で図書カード（1,000円分）などを毎月プレゼント。
当選者の発表は賞品の発送をもって代えさせていただきます。
※プレゼントの賞品は変更になる場合があります。

■商品に関する問い合わせ先

このたびは弊社商品をご購入いただきありがとうございます。本書の内容などに関するお問い合わせは、下記のURLまたは二次元バーコードにある問い合わせフォームからお送りください。

https://book.impress.co.jp/info/

上記フォームがご利用いただけない場合のメールでの問い合わせ先
info@impress.co.jp

※お問い合わせの際は、書名、ISBN、お名前、お電話番号、メールアドレス に加えて、「該当するページ」と「具体的なご質問内容」「お使いの動作環境」を必ずご明記ください。なお、本書の範囲を超えるご質問にはお答えできないのでご了承ください。

● 電話やFAXでのご質問には対応しておりません。また、封書でのお問い合わせは回答までに日数をいただく場合があります。あらかじめご了承ください。
● インプレスブックスの本書情報ページ https://book.impress.co.jp/books/1120101132 では、本書のサポート情報や正誤表・訂正情報などを提供しています。あわせてご確認ください。
● 本書の奥付に記載されている初版発行日から3年が経過した場合、もしくは本書で紹介している製品やサービスについて提供会社によるサポートが終了した場合はご質問にお答えできない場合があります。

■落丁・乱丁本などの問い合わせ先

FAX 03-6837-5023
MAIL service@impress.co.jp
● 古書店で購入されたものについてはお取り替えできません。

Staff　表紙デザイン／西村 均　本文デザイン／阿保 裕美（トップスタジオ デザイン室）　制作／トップスタジオ

DXの教養　デジタル時代に求められる実践的知識

2021年4月1日　初版発行
2022年8月1日　初版第3刷発行

著　者　　志度昌宏、三菱ケミカルホールディングス　先端技術・事業開発室　DXグループ
発行人　　小川 亨
編集人　　中村 照明
発行所　　株式会社インプレス
　　　　　〒101-0051　東京都千代田区神田神保町一丁目105番地
　　　　　ホームページ　https://book.impress.co.jp/

本書は著作権法上の保護を受けています。本書の一部あるいは全部について（ソフトウェア及びプログラムを含む）、株式会社インプレスから文書による許諾を得ずに、いかなる方法においても無断で複写、複製することは禁じられています。

Copyright © 2022 Mitsubishi Chemical Holdings Corporation. and Impress Corporation. All rights reserved.

印刷所　　株式会社広済堂ネクスト

ISBN 978-4-295-01121-7 C0034
Printed in Japan